文庫

道元禅師の『典座教訓』を読む

秋月龍珉

筑摩書房

目次

道元禅師の『典座教訓』を読む

一、道元禅師と『典座教訓』

禅僧道元はなぜ料理の本を書いたか――「まえがき」に代えて

真の弁道

窓から涼しい風が入ってくる。朝の風は爽やかだ。鳥がちいちい鳴きながら飛んでゆく。その間に、お隣りの奥さんが台所で野菜を切っている軽やかな包丁の音が聞こえる。毎朝のことだが、けさも愛する夫や子供のために味噌汁の実をきざんでいるのであろう。

料理を作ることを楽しんでいる奥さんもあろう。また、料理なんて煩わしい雑用だ、雑用はできるだけ早く片づけて、その時間を何か人生の楽しみに当てたい、と考えている現代っ子の若い奥さんもあろう。専門の料理人だって、果たして何人の人が調理の仕事に自己の使命を感じているであろうか。あるいは、これも月給のためのやむをえぬ手段だ、とだけ考えている人がいるのではなかろうか。

禅僧であり、日本でも屈指の巨匠といわれる道元禅師《どうげんぜんじ》が、なぜ料理の本など書いたのか。

道元は二十三歳の年、道を求めてはるばる当時は宋《そう》の国といった中国に渡った。まだ慶元府《けいげんふ》の港に停泊中の船内に留まっていた時のことである。ひとりの老僧が船にやってきた。年のころは、およそ六十歳ばかりである。日本の椎茸《しいたけ》を買いに来たという。道元はその老僧を自室に招き入れて、お茶をすすめた。どこからおいでかと、尋ねてみると、禅宗五山の一つ阿《あ》育王山《いくおうざん》の典座《てんぞ》（禅寺で台所を預かる役位、禅院の六知事の一人）であった。

彼は言った——私は西方の蜀《しょく》の国（今日の四《し》川《せん》省）の生まれで、郷里を出てから、もう四十年にもなり、ことし六十一歳である。これまで、あらかた諸方の叢林《そうりん》（禅の道場）を遍歴してきた。先年来、阿育王山の僧堂に錫《しゃく》を留めて、いいかげんに日を過ごすうち、去年の夏《げ》安居《あんご》（夏期九十日間の禁足修行）の終った日に、思いがけず、大事な典座の役目を命ぜられた。あすは、五月五日の端午《たんご》の節句である。修行の大《だい》衆《しゅ》（修行僧、雲水《うんすい》）に御馳走をする日なのだが、喜んでもらえるようなものが、何もない。それで、うどん（麵汁《めんじゆう》）でも作ろうと思ったが、あいにく椎茸がきれてしまった。たまたま日本の船が着いていると聞いて、こうして、わざわざ買いに来たのである。諸国から集まって来ている修行僧に供養《くよう》しようとするのである、と。

ついで、二人の間に、次のような問答があった。

道元、「いつ阿育王山を発たれましたか？」

典座、「斎座《さいざ》（禅院の昼食）が終ってから、すぐに」

道元、「阿育王山は、ここからどれほどの道程《みちのり》ですか？」

典座、「三十四、五里（およそ二十数キロメートル）ある」

道元、「いつお寺におもどりですか」

典座、「いま椎茸を買い終ったら、すぐに帰る」

道元、「きょうは、はからずもお眼にかかれて、こうして船中でお話ができました。なんというよい御縁でしょうか。今夜は、私が典座禅師に供養したいと思います」

典座、「それはいけない。あすの食事は、私が作らなければならない」

道元、「阿育王山のような大寺で、典座はあなたお一人ではありますまいし、また食事の勤めのできる方が、ほかにないわけでもないでしょう。あなたお一人おられなくても、なにも困ることもありますまい」

典座、「私はこの老年になって、はじめて典座の職をつかさどることになった。これは、実に老いの修行というものだ。どうして、それを他人に譲ることなどできよう。また、寺を出て来る時に、一夜の外泊の許可を得て来なかった」

道元、「あなたはお年なのに、修行といわれますなら、どうして坐禅弁道《ざぜんべんどう》し、また公案《こうあん》（参禅に当たって師から修行者に与えられる参究の課題）を参究することをなさらずに、煩わしい典座の職などに任じられて、ただひたすらに作務《さむ》（禅門の勤労作業）に努められるのですか？　そんなことをして、よいことがあるのですか？」

このとき、老典座は大笑いをして言った。

典座、「外国の立派なお方、あなたは、まだ弁道のなんたるかをお分かりでない。まだ文字のなんたるかを御存知でない！」

道元は、彼のこのような言葉を聞いて、ふっと恥ずかしくなり、心に驚いて、すぐに尋ねた。

道元、「どのようなものが文字ですか、どのようなことが弁道ですか?」

典座、「もしその質問の真に意味するところとすれ違わなければ、それが文字を知り、弁道を体得した人というものです」

道元には、そのとき、その老僧の言葉の意味が会得できなかった。その様子を見て典座は言った。

典座、「もしまだ納得がゆかぬなら、いつか阿育王山にお出でなさい。ひとつ二人で文字の道理を、とくと語り合いましょう」

こう言いおわると、すぐに座を立って、

「日が暮れてしまう。急いで帰ろう」

と言って、さっさと帰って行った。(本書〔二五〕参照)

あなたの問われたことが、文字であり弁道なのだから、もしその質問の真に意味するところとすれ違わなかったら、それが文字を知り弁道を体得した人なのだ、と親切に示されても、その時の道元には、老典座の言葉の意味が理解できなかったのである。その当時の道元は、坐禅に励み、古則(古人の手本)公案を参究することだけが修行だと、考えていたからである。その時の道元は、阿育王山の典座が、老いの身をもいとわずに、ひたすら典座の職を勤めてやまぬ、禅門の作務の修行のほんとうの意味が、まだ理解できなかったのである。

「座《ぞ》（典座）、尊年、何ぞ坐禅弁道し、古人の話頭《わとう》（古則公案）を看《み》ずして、煩わしく典座に充《み》てられ、只管《しかん》（ひたすら）に作務す。甚《なん》の好事かある」という道元の言葉に、当時の彼の禅の理解のほどがほの見える。これに対して、老典座は呵々《かか》大笑して言う、「外国の好人《こうにん》、未《いま》だ弁道を了得せず、未だ文字を知得せざらんぞ」と。

道元は思った――煩わしい雑務と見えた典座の仕事、そんなことより、禅僧としての修行の本務は、坐禅であり、公案の参究であろうに、と。

それを知って老典座は大笑して言う、「外国の立派な方、あなたはまだ弁道の何たるかを御存知でない。修行とは、私のこの『耄及《ほうぎゅう》の弁道』（老いの修行）の、うどん作り、椎茸買いそのことなのですよ」

俗人には煩わしい雑務と見える料理の仕事に「只管に作務する」ところに、禅者の本務があるというのである。これをまた「平常心是れ道《こ》」（中国禅の最盛期を代表する禅匠、馬祖《ばそ》の語）ともいうのである。禅には、だから雑務と本務の区別がない。

これで、禅匠道元がなぜ料理の本を書いたかということが、一応お分かりいただけたであろう。では、なぜ日常の作務が仏道の修行なのか。

本証・妙修

そのことを理解するためには、私たちは道元の基本思想である「本証《ほんしょう》・妙修《みょうしゅ》」ということを知らなければならない。

道元の仏法の特色は、その「只管打坐《しかんたざ》」の主張にある。親鸞《しんらん》は「念仏」を、日蓮《にちれん》は「題目」を、そして道元は「坐禅」を説いた。道元は言う、「端坐参禅を正門とする」(『弁道話《べんどうわ》』)と。「端坐」とは〝正しく坐る〟意、「参禅」も道元の使い方では「坐禅」というのと全く等しい。

この道元の主張は、たとえば、東大の構内に入るのに、いろいろな入り方がある。赤門からでも、鉄門からでも、裏門からでも、場合によっては塀を乗り越えて入っても、どこからでも入りさえすれば、東大に入ったことに違いはない。しかし、天皇をお迎えするというような場合には、必ず正門から入る。そのように、真の仏法は坐禅から入るのが正しい入り方だ、という主張である。

問題は、その「坐禅」である。坐禅にも、いろいろな坐禅観がある。道元は「正伝《しょうでん》の仏法」の説く坐禅は「只管打坐」だという。「只管」を私は先ほどは〝ひたすら〟と訳したが、ここでは必ず〝ただ〟と訳さねばならない。真の坐禅は「ただ坐る」ことだ、というのである。では、「ただ」（只管）とは、どういうことか。

ふつうには、原始仏教以来、「三学《さんがく》」といって、〝仏教徒なら誰でも学ぶべき三つのもの〟として、「戒《かい》・定《じょう》・慧《え》」（持《じ》戒《かい》・禅定《ぜんじょう》・智慧《ちえ》）の三つを挙げる。まず「戒」で自ら誓って自己の生活を規制して、そのよく整えられた身心《しんじん》を安定統一させ、すなわち「定」に入って、そこから「慧」すなわち般若《はんにゃ》の智慧を体得する。それが仏道の修行だと説かれる。しかし、そう考えると、「定」（禅定）すなわち坐禅は般若の「慧」を体得するための手段となる。そこでは、まず悟り（証）が目的として立てられ、その後にそれに至るための手段として坐禅を修するということになる。それでは、悟るための坐禅で「ただ」の坐禅ではない。私はこういう坐禅を「前般若の坐禅」(pre-prajñā Zazen) と名づける。これは、衆生が仏になるという、宗教学上のいわゆる上り道で考えた坐禅である。

これに対して、いわば下り道で考える坐禅がある。迷っている衆生として坐禅して悟って仏になる、というのではなく、すでに悟った仏の立場から、仏として坐禅するという坐禅である。それは「般若」の自発自展としての坐禅である。私はこれを「後般若の坐禅」(post-prajñā Zazen) という。

「般若が自発自展する」と言った。これを伝統の言葉では「般若波羅蜜多」という。「波羅蜜多」とは〝完成〟の意である。般若は自己の完成として、自発自展して、「戒」となり「定」となって働く。そこを「持戒波羅蜜多」といい、「禅定波羅蜜多」という。これがいわゆる「下り道」である。そこでは初めの「上り道」で考えられた「持戒」や「禅定」とは、全く違った「戒」となり「定」となる。

上り道でいう戒や定は、あくまで行為の主体が「衆生」である。そこでは持戒も禅定も、キルケゴールのいわゆる「強情的努力」としてなされる。伝統的な言葉では、これを「有功用《うくゆう》」(凡夫が意識して努めてする働き)という。それに対して、下り道でいう定や戒は、行為の主体が「仏」(悟った人)である。それは悟り(証)の自発自展として、「無功用」の行《ぎょう》(無心の働き)としてなされる。これが、道元のいう「只管(ただ)打坐(坐る)」ということの内実である。

一般には、道元禅(曹洞宗《そうとうしゅう》)は「後《こう》般若の坐禅」で、白隠《はくいん》禅(臨済宗《りんざいしゅう》)は「前《ぜん》般若の坐禅」だ、と考えられている。さらに極端な主張をする人は、「だから、道元禅と白隠禅では宗教の次元が違う。道元禅の方が高くて上だ」と主張する向きさえある。しかし、それは白隠禅の「公案」参究の教育体系への誤解によることで、白隠禅だって、上り道の「前般若の坐禅」を説くのは、初めの「法身《ほっしん》」の公案の修行の時だけである。後の「機関・言詮《ごんせん》・難透《なんとう》・向上」(以上の五つが白隠下の公案体系)の公案では、白隠禅でもまた下り道の「後般若」の修行を説くのである。

そもそも、それは何も道元禅や白隠禅に限らない。大乗仏教で「六波羅蜜」というとき、「布施・持戒・忍辱《にんにく》・精進・禅定・智慧(般若)」を説くが、そのうちの「布施・忍辱・精進」を除けば、とりもなおさず「三学」である。その際、真に「六波羅蜜」というのは、単なる持戒・単なる禅定をいうのではない。前五(布施以下禅定まで)の波羅蜜は、すべて「般若波羅蜜多」の自発自展でなければならない。その時はじめて持戒は持戒波羅蜜多に、禅定は禅定波羅蜜多となるのである。

真の持戒は衆生が歯をくいしばって戒を持《たも》つというのではなく、道元の言葉で言えば「莫作《まくさ》の力量」(「諸悪作ること莫《な》かれ」でなく、「諸悪作ること莫《な》し」。すなわち悪いことをするなでなく、悪いことをしない力)が現成《げんじょう》して、仏としての私が「自然法《じねんほう》爾《に》」（親鸞の語）に戒を持つのでなければならない。

高村光太郎のいわゆる「僕の前に道はない、僕の後ろに道はできる」である。それを「持戒波羅蜜多」（般若の自発自展としての持戒）という。

禅定も同じで、「坐禅は安楽の法門なり」というのが、それである。そこでは衆生から仏へと主体が転換されているのである。

そこで道元は「修証《しゅしょう》これ一等なり」（修行と証悟とは一つのもの、等しいもの）という。

道元は言う――修行と証悟《さとり》とは二つの別なものだ、と考えているのは、外道《げどう》（仏道以外の教えを奉ずる者）の考えである。正伝の仏法では、「修証一等」だという。いま〔坐禅を考えるにも〕、「証上の修」（悟った上の修行）だから、初心者の弁道〔今は坐禅〕がそのまま本証《ほんしょう》（本来の悟り）の全体である。だから、修行の用心を授けるにも、修行の外に証悟を期待する心があってはならない、と教えるのだ。それは、本証を直接指し示す（「直指《じきし》の本証」）からであろう。「修の証」（修行と一つであるところの悟り）であるからには、この悟りには際限《はてし》がなく、「証の修」（本来悟っている上の修行）だから、修行に初めはない。こういうわけで、釈尊も迦葉《かしょう》尊者も、どなたもみなこの「証上の修」を受け用いられ、達磨大師も六祖禅師も、またこの「証上の修」に引き転《まろ》ばされるのである。仏法が仏祖によって住《しっかりたも》持ってこられた跡は、みなこのようであった（『弁道話』）。

ここに「直指の本証」という言葉が出てきた。これが、道元禅の特色を最もよく示すキー・ワードである。道元は常にこの「本証を直指する」という立場に立った。この直指こそが道元の「そこからそこへ」であった。ここを理解することが、道元の思想の深奥の秘密を把捉するカギとなる。では、「本証」とは何か。それは、人間はみな〝本来悟っている〟ということである。ずばり白隠の言葉で言えば、「衆生、本来、仏（覚者）なり」（『坐禅和讃』）である。

だから、坐禅して、修行して、そして悟りを開いて仏になる、というのではなく、「本来悟っている仏だ」という立場で修行し、本来の仏として坐禅する、というのである。それは、本来の仏が、本来悟っているという立場でする修行だから、「証上の修」（悟りの上の修行）というのである。

それで、きょうここで初めて坐禅した初心の人の坐禅でも、それは「本証の全体」である。今あなたが脚を組んで、正身端坐して坐禅をすれば、初心者も久参者《きゅうさん》も、同じように、この即今の修行の外に、別に悟りも仏もないのだから、いつか、ひょっと、どこかから悟りが開ける、というふうに、悟りを待つ思いをしてはいけない、という。それは、道元の説く坐禅、すなわち只管打坐が、「直指の本証」（直接指し示す本来の証《さとり》そのもの）だからである。言うまでもないが、それは坐禅だけが「只管」なのではなく、修行全体が只管であり、本来仏の働きでなければならない。そこを「直指の本証」というのである。

道元は、こうして常に、「本証」そのものを直指した。そこに道元の立場があった。しかし、今一つ大事なことがある。それは私がすでに先に言ったことであるが、「本証」は自発自展して必ず「妙修《みょうしゅ》」する、ということである。「妙修」とは〝凡夫の思議を絶した、不可思議にして妙《たえ》なる修行〟という意味である。道元自身、「本証」に引転され、「般若」の自発自展として、「本証の妙修」として『典座教訓』を書いたのである。

威儀即仏法・作法是れ宗旨

伝記作者の伝えるところによれば、少年道元は比叡山《ひえいざん》で学んでいた時に、「顕密の二教ともに談ず、『本来本法性《ほんらいほんぽっしょう》、天然自性身《てんねんじしょうしん》』と。もしかくのごとくならば、則ち三世の諸仏、甚《なん》に依《よ》ってか更に発心《ほっしん》して菩提《ぼだい》を求むるや」という疑問を抱いたという。そしてこの解けやらぬ思いを抱いて、その解決を禅に求め、ついに宋に渡り、天童如浄《てんどうにょじょう》によって、一生参学の大事を了畢《りょうひつ》したのであった。

「本来本法性、天然自性身」、仏教では顕教の天台宗でもまた密教でも、人間本来「仏性《ぶっしょう》」そのものであり、「衆生本来仏だ」と説いている。それなら、なぜ三世の諸仏たちは、改めて発心して菩提《さとり》を求めるのであろうか。本来天然に（もともとそのままで）「本法性・自性身」ならば、なにもその上に改めて発心し修行して悟りを開く必要はないはずではないか、という疑問である。

これにみずから答えたのが、「本証」（本来成仏＝本覚）の故の（その自発自展としての）「妙修」（妙なる行持《ぎょうじ》）という道元の教学である。

道元はまたこうも言っている。

この法は人々《にんにん》の分上《ぶんじょう》に豊かにそなわれりといえども、いまだ修《しゅ》せざるには現われず、証せざるには得ることとなし。（『弁道話』）

この「法」は人間一人一人の身の上に豊かにそなわっているけれども、修行しなければ現われない、証《さと》ってみないと真にわがものにはならない、というのである。また、こうも言っている。

すでに〝証を離れぬ修〟あり、我ら幸いに一分《いちぶん》の〝妙修〟を単伝せる、初心の弁道すなわち一分の〝本証〟を無為の地に得るなり。知るべし、〝修を離れぬ証〟を染汚《ぜんな》せざらしめんがために、仏祖しきりに修行のゆるくすべからざると教う。〝妙修〟を放下《ほうげ》すれば、〝本証〟手の中にみてり。〝本証〟を出身すれば、〝妙修〟通身におこなわる。（『弁道話』）

「証を離れぬ修」があるからには、我々は幸いにも、一分の「妙修」を自身にそっくり伝えているので、初心の弁道がそのまま一分の「本証」を、人間のはからいの全くないところ（無為の地＝自我を空じたところ）で得るのである。知るべきだ、「修を離れぬ証」を染汚《けが》さないようにするために、仏祖はしきりに、修行をゆるくしてはならない、と教えられるのである。「妙修」を下に置けば、「本証」が手の中にいっぱいになる。「本証」から身を出すと、「妙修」が全身におこなわれる、というのである。

ここに「本来仏」である衆生のもつ一分の「本証」――といってもそれは人間のはからいを全く絶した無為の地で得られるものであるが――というものがある。しかし、それは「修を離れぬ証」だから、仏祖はしきりに「修行」をゆるくしてはならないと教える。すなわちそれは「証を離れぬ修」として、妙修する本証でなければならないからである。ここに私のいう「本証」の自発自展としての「妙修」という大事がある。

そこを道元禅では、「威儀即仏法・作法是れ宗旨」という。「威儀」とは、美空ひばりさんの「柔《やわら》」の歌にいう「行くも住《と》まるも坐るも臥《ふ》すも」である。この四威儀がそのまま仏法であり、日常生活での作法が禅の宗旨だ、というのである。

一般に、禅は中国古来の道家の思想を媒介として中国化された仏教であるといわれる。しかし、一方ではそれ以上に、禅は中国思想の本流である儒家の思想によって大きな影響を受けていることを見落してはなるまい。孔子の学園では何を説いたか。それは、「礼」と「楽」である。宋代の儒者の言葉に、「三代の礼楽、緇門《しもん》に奪わる」というのがある。孔子が理想とした夏《か》・殷《いん》・周《しゅう》三代の礼と楽とは、あの黒い衣を着た禅宗坊主に奪われた、というのである。

禅は、インド大乗仏教の中観派《ちゅうがんは》の「空」の哲学が展開した唯識派《ゆいしきは》の人々による「仏性《ぶつしょう》」（如来蔵思想）論や、華厳《けごん》哲学の豊かな世界観を学んだ中国人が、それを中国思想特有の実際主義によって日常化し生活化したところに形成された、中国唐《とう》代の新興宗教である。

般若の悟りを日常の生活に生きようとしたとき中国の禅者たちの頭にあったのが、孔子の説いた「礼」の思想であった。禅院に暮す〝清衆《せいしゅ》の生活規則〟としての「清《しん》規《ぎ》」といわれるものは、仏法の悟りを日常の生活にどう生きるかという中国の禅者たちの「礼」法であった。

道元の仏法は「本証が妙修する」ということを基本思想とするが、その妙修の生活を「威儀即仏法・作法是れ宗旨」として、綿密な「行持」にまで形づくったところに、いま一つの特色がある。「洗面」の巻や「洗浄」の巻に見られる細心の心づかいは、「本証・妙修」を単なる思想にとどめず、真に「生きた宗教」として生活化し具体化した道元の宗教者としての偉大さをありありと示すものである。

ここまで見てくれれば、道元に『典座教訓』の著述があることは、もはや何の不思議もない、当然のことと納得していただけよう。日本の禅は利休《りきゅう》の「茶道」を生んだ。道元がせっかく『典座教訓』という本を残してくれた。日本の料理人はこれをなぜ利休の「茶道」にならって「料理道」にまで形成しなかったのであろうか。

私は日本の料理人の心ある方々が、ここに思いをいたして、みずから親しく「禅」に参じ、「禅心に生きる料理道」を確立されんことを、衷心から希うものである。それは何も専門の料理人だけの話ではない。一般家庭の主婦の方々にも、日々の料理の中に、単に実用を超えた深い宗教的な意味を味わっていただきたいと祈るものである。

著者道元禅師のこと

私はかつて道元について、次のような小伝を書いた（『「正法眼蔵《しょうぼうげんぞう》」を読む』、PHP研究所刊）。

道元（一二〇〇―五三）は、近い血縁に天皇を出したほどの最高貴族の出身である。母は木曾《きそ》義仲《よしなか》が戦い敗れて都落ちをするその間際まで、五条の内裏で名残りを惜しんだ薄幸の美女、関白松殿基房《まつどのもとふさ》の三女伊子《いし》であったといわれる。彼女は義仲の没落後、松殿家の再興のため、またも政略結婚を強いられ、時の朝廷の実力者内大臣源博陸《げんはくりくこ》久我《が》通親《みちちか》に嫁いだ。こうして生まれたのが道元である。

道元が二歳の時、父は死んだ。彼は生涯この好色の辣腕家の父については何も語らない。おそらく、松殿家の宇治の木幡《こばた》の山荘で生まれ、母の手によって育てられたと思われる。父の死後は、異母兄の通具《みちとも》を育父として、当時最高の貴族としての教育を受けた。少年の日の道元の天稟《てんぴん》の才については、いろいろに伝えられている。祖父の基房も育父の通具も、この天才少年の上に期待を抱いたことであろう。現に摂政内大臣に進んだ伯父の松殿師家《もろいえ》は、道元を正式にわが養子として、この子を朝廷の重臣に育て松殿家の再興を図ろうとしたという。しかし、道元は、七歳の時に慈母の死に逢い、その霊前に香煙の立ちのぼるのを見て、世の無常を感じて子供心に道心を発《おこ》した。五年の後、夜中ひそかに木幡の山荘をぬけ出して、比叡山に母方の叔父良観法印《りょうかんほういん》を訪ねて出家した。時に道元十二歳の春であった。

しかし、時の比叡山は、道元の求道心を十分に満足させてはくれなかった。すでに法然《ほうねん》は山を見限って、黒谷に念仏門を開いていた。やがて日蓮も山を降りて題目を唱え、栄西《ようさい》は建仁寺《けんにんじ》に新たに中国伝来の禅を伝える、というふうに、叡山旧仏教が解体して鎌倉新仏教として実る次の時代の機運はようやく熟しつつあった。

若き日の道元の抱いた疑問は、「顕・密の二教はともに『本来本法性《ほんらいほんぼっしょう》、天然自性《てんねんじしょう》身《しん》』と教える。もしそうなら、三世の諸仏方は、なぜ改めて発心して菩提を求められたのか」という問題であったという。衆生本来仏なら、どうして改めて発心して修行して悟りを求めねばならないか。時の比叡の高僧たちに、この疑問をぶっつけて解決を得られなかった少年道元は、十四歳の春に山を降りて、諸方に指導者を求めて行脚の旅に出た。比叡山を降りた時にすでに栄西を訪ねたとも言われるが、ついに建仁寺に入って栄西の高弟明全《みょうぜん》に師事することになる。十七歳の秋であった。建仁寺にあること前後九年、彼は明全に随身して新渡来の臨済宗の禅を学んだ。さらに、その禅の源流を求めて、師の明全とともに中国すなわち当時の宋の国に渡った。時に二十三歳である。

青年道元は、中国の禅林で多くのことを学んだ。彼は後年、それらの感激をみずからよく筆にしている。にもかかわらず、究極的な魂の安心はついに得られなかった。当時の中国は臨済宗大慧《だいえ》派の禅の全盛期であった。どうも、これが道元の肌に合わなかったらしい。ついに道元は、あきらめて帰国を思った。そのとき、かつて掛錫《かしゃく》した天童山に、曹洞宗の如浄《にょじょう》が住職となったことを聞いて相見《しょうけん》した。時に道元二十五歳。一見して道元は、この人こそ正師《しょうし》だと見た。如浄もまた、この外国の青年が非凡の法器《ほっき》（仏法のためになる人財）であることを見ぬいた。師匠と弟子の心はぴたりと契合《けいごう》した。道元の修行ははじめて軌道に乗った。もはや大事了畢《だいじりょうひつ》（一生参学の大事を終ること）は時間の問題である。

宋の宝慶《ほうきよう》元年（一二二五）の夏安居の終り近いころ、ある日の早暁に、坐禅中に雲水が居眠りをしているのを見て、如浄が「参禅は身心脱落（自我が無になった悟りの境地）でなければならぬ。それなのに只管打睡《しかんたすい》（ひたすら眠ること）して何ができるか」と叱ったのを聞いて、道元は豁然《かつねん》（ぱっと心境が開けるさま）として大悟した。

こうして如浄の法を嗣《つ》いだ道元は、それから二年して、二十七歳の秋、「正伝の仏法」の嗣法者として日本に帰ってきた。そして、しばらく建仁寺に留まっていたが、その間に安貞元年（一二二七）『普勧坐禅儀《ふかんざぜんぎ》』一巻を著し、この国に初めて新しい一向《いつこう》坐禅（ひたすら坐禅すること）の仏法を説いた。

寛喜二年（一二三〇）、深草《ふかくさ》に閑居し、同三年に事実上の立宗の宣言ともいうべき『弁道話』一巻を和文で書いた。二年後、そうした坐禅の修行の場として日本で初めての正式の坐禅の道場である興聖寺《こうしようじ》を深草の地に建立した。これからの道元の活動はまことにすばらしい。有名な『沙石集《しやせきしゆう》』の著者無住道暁《むじゆうどうぎよう》の『雑談集《ぞうだんしゆう》』には、道元の建てた中国式の禅堂と「只管打坐」の新しい仏法が、当時の人々に大きな評判になったニュースを伝えている。

約十年、道元はこの興聖寺道場で道俗（出家と在家）を教化《きょうけ》したが、道元の新仏教の隆盛をねたむ比叡山の僧徒の迫害によって、ついに寛元元年（一二四三）七月、やむなく越前の国志比《しび》の庄《しょう》に難を避けた。このころから、道元は出家・在家、男性・女性を問わず、普《あまね》く坐禅を勧めるという、「在家仏法」的色彩の濃いこれまでの布教の仕方を一変して、厳しい「出家至上主義」へとその思想を転じた。思うに、その時の道元は、自分の伝えた「正伝の仏法」をこの国に久住《くじゅう》（久しく住《とど》める）するために、何としても一個《いっこ》半個《はんこ》の徹底した僧侶を打出《たしゅつ》するよりほかない、もしそうした本物の弟子を打出できなかったら、せっかく自分が伝えてきた「純一の仏法」が自分一代で亡びる、という心からの危機感でやむにやまれぬ思いをしていたのであろう。大乗の菩薩道（自利より利他を先とする菩薩の道）が在家の男女を救うことを念願とせねばならぬことを百も承知の上で、晩年の道元には、もう在家を相手にするだけの心の余裕がなかったのであろう、と察せられる。

北越《ほくえつ》のきびしい風土と、峻厳な修行生活とは、やがて徐々に道元の肉体をむしばんでいった。それまで書きとめた前人未到の「かな法語」である和文の著作『正法眼蔵』を、改稿し編集し直して七十五巻に整理し、さらに二十五巻を書き足して百巻にしたいという希望もむなしく、建長四年（一二五二）の秋以来の四大不調《しだいふちょう》（病気）は、翌五年の「八大人覚《はちだいにんかく》」の巻を最後に、ついにその後の筆を執れないまま病臥の身となった。もちろん、道元には『永平広録《えいへいこうろく》』といわれる漢文の著作も多い。しかし、何といっても、あの時代に和文の著述に力をこめた道元の卓見を考えても、彼の主著は『仮字《けじ》正法眼蔵』の方にあると言って過言ではない。

檀越《だんのつ》波多野義重《はたのよししげ》の願いによって京都に出て病いを養ったが、ついに建長五年（一二五三）八月二十八日の夜、満五十三歳の短い一生を終えた。遺偈《ゆいげ》は、

五十四年第一天を照し、箇《こ》の踍跳《ぼっちょう》を打《た》して大千を触破す。咦《いい》！
渾身覓《こんしんもと》むるなく活《い》きながら黄泉に落つ。

というものであった。

『典座教訓』という本について

永平道元といえば、すぐにその主著である『正法眼蔵』を思う。この書は日本が誇る宗教哲学の古典として、今日すでに世界的に有名である。道元の思想を知ろうとすれば、まず『正法眼蔵』を読まねばならない。私はこの講話においても、随時必要に応じて、この書の言葉と思想とを引用するであろう。もし、初めにまず簡単に道元の思想を一通り見ておきたいと思われる読者は、小著『道元入門』（講談社現代新書）と、同じく小著『「正法眼蔵」を読む』『「正法眼蔵」の知恵一〇〇』（PHP研究所刊）を見ていただきたい。

道元には今一つ『永平大清規《えいへいだいしんぎ》』と呼ばれる一群の著述がある。

次にそれをまず列記してみる――

一、『典座教訓』（深草の興聖寺《こうしょうじ》で撰述、時に道元三十七歳）
二、『対大己法《たいたいこほう》』（越前吉峰寺《きっぽうじ》にて撰述、時に四十四歳）
三、『弁道法《べんどうほう》』（越前の大仏寺《だいぶつじ》にて撰述、時に四十五歳）
四、『知事清規《ちじしんぎ》』（大仏寺改め永平寺《えいへいじ》にて撰述、同じく四十六歳）
五、『赴粥飯法《ふしゅくはんぽう》』（永平寺にて撰述、同じく四十六歳）
六、『衆寮箴規《しゅりょうしんぎ》』（永平寺にて撰述、時に四十九歳）

「清規」とは、〝清衆の守るべき叢林《そうりん》の生活規則〟の意である。「叢林」とは、文字どおり〝クサムラやハヤシのように、多くの雲水（修行僧のこと）が集まって修行する道場〟の意である。その叢林で修行する僧を尊んで「清衆《せいしゅ》」といい、その〝清衆の守るべき道場の規則〟という意味で、「清規」と書いて「シンギ」と発音した。

もちろん、道元以前にも中国でさまざまな「清規」が書かれた。『永平大清規』というのは、永平寺開山の道元禅師が、みずから親しく体験した大宋国の叢林の「清規」を手本にして、三十七歳から四十九歳までに書いた六種の「清規」に関する著述を一まとめにしていうのである。

禅門において「清規」を初めて制定したのは、唐代の百丈懐海《ひゃくじょうえかい》（七二〇―八一四）であるというが、この百丈の『古清規』は現在には伝わっていない。その後、さまざまな「清規」が制定されたが、道元が本文中によく引用する『禅苑清規《ぜんねんしんぎ》』（十巻）は、百丈の示寂《じじゃく》（僧侶の死をいう）後、約二百九十年を経て、宋代の雲門宗《うんもんしゅう》の長蘆宗賾《ちょうろそうさく》の述作したものである。道元は、この書を依用（それに依って用いること）しながら、百丈の『古清規』の心に一如（一つになる）せんとして、依用しつつも批判的に使ったものと考えられる。

『典座教訓』は先に見たように、『永平大清規』中で一番早く、道元が宋より帰朝後、京都の郊外の深草に日本で初めて創設した禅院である興聖寺で、三十七歳の時に書いた著述であって、みずから親しく見聞し体験してきた中国の禅院の叢林で、大切な典座の役割について、若くみずみずしい感激をこめて書いたもので、以下の「清規」類には見られない魅力的な書物である。

「典座」とは、本文に詳しく説かれるように、修行僧の食事のことを掌《つかさど》る大切な役位である。食事を作り、雲水に食べさせ、後始末をする、というだけのことなら、家庭の主婦も専門店の料理人も彼らと同じことをしている。しかし、道元はそこに深い宗教的・哲学的な人生の大事な意味を見た。私はできるだけ、七百年前の道元の心を現代に生かすべく、精一杯の解説を、しかもできるだけ簡明に試みた。読者各位の率直なご批判を乞う次第である。

二、『典座教訓』を読む

〔一〕 六知事の一つ、典座

仏家《ぶつけ》に本《もと》より六知事《ろくちじ》あり。共《とも》に仏子《ぶつし》たり、同じく仏事《ぶつじ》を作《な》す。中に就いて、典座《てんぞ》の一職《いっしき》は是《こ》れ衆僧《しゅぞう》の弁食《べんじき》を掌《つかさど》る。『禅苑清規《ぜんねんしんぎ》』に云《いわ》く、「衆僧を供養《くよう》するが故に典座あり」と。古《いにしえ》より道心《どうしん》の師僧《しそう》、発心《ほっしん》の高士《こうし》、充《み》て来たるの職なり。蓋《けだ》し、一色《いっしき》の弁道《べんどう》に猶《よ》るか。

現代語訳

禅門の道場には昔から六知事という役職がある。その職を務める者は、ともにみな仏子（仏のみ子）であり、同じように仏事（仏の仕事）を行なうのである。そのなかでも、典座という職務は、多くの修行僧の食事を作るのを職掌とする重要な役職である。『禅苑清規』にも、「衆僧を供養するために典座がある」と書いてある。

昔から道心のある僧侶、菩提心《ぼだいしん》を発《おこ》した高士が、その職に充当された大切な役職である。思うに、「一色の弁道」といって、衆僧の食事を作るために、ひたすら余念をまじえず、ただその一事に打ち込むべき大事な修行だからであろうか。

解説

「仏家」とあるが、ここは〝叢林《そうりん》〟すなわち〝禅門の道場〟のことである。「六知事」とは、禅院の役位で、都寺《つうす》・監寺《かんす》・副司《ふうす》・維那《いの》・典座《てんぞ》・直歳《しっすい》の六役をいう。これは後段の本文に出てくるので、そのとき解説することにして、ここはこのまま読み進むことにする。

「仏子」は、文字どおり〝仏のみ子〟の意で、〝仏道修行者〟の尊称。「仏事」は、広く〝仏陀の仕事〟の意で、今日の日本語のように、〝法事ないし仏事供養〟のことではない。

「道」は、梵語《サンスクリット》（古代インド語）の「菩提《ボデイー》」（悟り）の中国訳で、「発心」は、「発菩提心」の略だから、「道心」も「発心」も、もともと〝求道心〟（悟りを求める心）の意であるが、道元は「菩提心」の語を、〝求道心〟より、むしろ〝悟りの心〟すなわち〝慈悲の心〟の意で使う。「師僧」は、文字どおりの〝師の僧〟の意ではなく、一般に僧侶に対して少し敬意をこめた言い方で、次の「高士」（志操の高い人物）というに同じ。

「一色」は、〝差別《しゃべつ》相対の境を払い尽くした、平等絶対の境〟をいう禅語であるが、ここは〝身心ともに打ち込んで、余念をまじえず、その職務に専ら三昧《ざんまい》になりきる修行〟の意で使われたものと解しておく。

〔二〕料理の専門家、典座

若《も》し道心なき者は、徒《いたず》らに労して辛苦《しんく》す、畢竟益《ひっきようえき》なし。『禅苑清規』に云《いわ》く、「須《すべか》らく道心を運《めぐ》らして、時に随《したが》って改変し、大衆《だいしゆ》をして受用《じゆゆう》安楽ならしむべし」と。昔日《そのかみ》、潙山《いさん》・洞山等《とうざんら》、之《こ》れを勧め、其《そ》の余の諸大祖師も、曾《か》つて経来《へき》たるなり。所以《ゆえ》に、世俗の食厨子《じきずし》、及び饌夫《せんぷ》等に同じからざるもの歟《か》。

現代語訳

もし道心のない者が、この職につくと、むやみに苦労するだけで、結局、なんの利益もない。『禅苑清規』にも、「道心を働かせて、時節に応じて食事に変化をもたせて、雲水僧たちがその食事を食べて、身心ともに安楽になるようにせねばならない」と言っている。その昔、潙山禅師とか洞山禅師とかいう方々が、この典座の職を勤められ、そのほかのすぐれた祖師方も、この典座の職を経験してこられた。だから、俗世間の料理人や給仕人とは同じではないということであろうか。

解説

「潙山」（七七一―八五三）は、名は霊祐《れいゆう》、潙仰宗《いぎょうしゅう》の宗祖である。「洞山」（九一〇―九九〇）は、名は守初《しゅしょ》、雲門宗《うんもんしゅう》の僧（宗祖文偃《ぶんえん》の法子《はっす》）である。洞山良价《りょうかい》（八〇七―八六九）のことではあるまい。

道元は、ここで、世間一般の料理人や給仕人と同じように考えてはならない、という。これは、道元が叢林の典座に与えるための言葉だからである。

我々は逆に、日常生活の料理や給仕の上に、この本の心を生かしたいのである。なぜなら、この本の説く心が、単に出世間《しゅつせけん》（世間を出る、世を捨てること）の出家者だけのためのものなら、大乗仏教としては何ほどの意味もない、出世間だけでは大乗としては半分の真理でしかないと言わなければならないからである。

事実、この本は今日、一般在家の主婦の皆さんが学んでも、実に大きな意味がある。まして専門の料理人さんたちは、新しい意味での今日的な叢林の専門家すなわち典座であるから、なおのことである。私は、この本によって、東洋の智慧《ちえ》を生かした「世界の料理道」とも言うべきものが、わがこの日本から興ることを期待したい。

〔三〕 仏祖の遺訓

山僧《さんぞう》、在宋《ざいそう》の時、暇日《かじつ》、前資《ぜんし》勤旧《ごんきゅう》等に咨問《しもん》す。彼等《かれら》いささか見聞《けんもん》を挙《こ》して、山僧が為《ため》に説けり。此《こ》の説似《せつじ》は、古来有道《うどう》の仏祖《ぶつそ》の遺《のこ》すところの骨髄《こつずい》なり。大抵須《たいていすべか》らく『禅苑清規』を熟見すべし。然《しか》して後《のち》に、須らく勤旧子細の説を聞くべし。

現代語訳

私（道元）は宋の国にいたとき、暇をみて、先輩や長いこと役位を務めた方々に典座の役のことを尋ねたが、彼らは私のために自分たちが見聞したことを話してくれた。その説示は、昔から道を得た仏陀や祖師の遺されたその道の骨髄であった。あらましのところは『禅苑清規』を熟読すべきである。その上で、長くその職を務めた先輩たちの詳しい説明を聞くべきである。

解説

「山僧」というのは、〝山野に住む僧〟の意で、禅僧たちが〝自己を謙遜していう自称代名詞〟である。「前資」は、〝以前に副司以下の役位を勤めて、現在は退休している者〟をいう。「勤旧」もまた、〝永いこと知事などの役位を勤めた者〟をいう。「説似」は「説示」の誤り。

道元が深草に初めて中国式の禅堂を造った寺は、当時京の内外で大いに注目された。『沙石集』の著者無住道暁の『雑談集』に次のような文字が見える。

坐禅ノコト、『法華経《ほけきよう》』等《とう》ノ経ニ処々ニコレアレドモ、人コレヲ事トセズ。口ニ誦シテ身ニ行ゼズ。凡夫ノナラヒ、オロカナリ。……建仁寺ノ本願（栄西）入唐シテ、禅門戒律ノ儀ツタヘラレシコロハ狭床ニテ、事々シキ坐禅ノ儀ナカリケリ。……一向禅院ノ儀ハ、時至ッテ、仏法房（道元）深草ニテ大唐ノゴトク、広床ノ坐禅ハジメテ行ズ。ソノトキハ、坐禅メヅラシキ事ニテ、信アル俗等、拝シ貴ガリケリ。其ノ時ノ僧ノカタリ侍リシ。

道元によって初めて正式の禅堂（それまでの狭床の坐禅席でなく、長連床といって広床の坐禅席の禅堂）が日本に造られた。そのときは坐禅でさえ、無住の言うようなありさまであったのだから、禅院の典座の職のことなど誰も知る者はなかった。それで道元は全く一から書いて教えねばならなかったのである。

これは前段の解説として書いた方がよかったのだが、料理人の「道心」の有無について、一つの逸話を記しておこう。

「喫茶去《きっさこ》」という禅語がある。「お茶を召し上がれ」というだけのことである。

甲斐の祖暁《そぎょう》という名僧があった。まだ小僧のころ、師の月舟《げっしゅう》さまに大乗寺で随侍していた。僧堂行茶《ぎょうちゃ》といって、住持（住職）が雲水一同にお茶を供養される行事がある。祖暁が当番の時は、いつもお茶がおいしい。

師匠の月舟さまが、「祖暁よ、お前のお茶は他の者のたてた時よりおいしい。何か加えるのかい」と訊《き》かれた。

祖暁は答えた、「はい、一味入れます」

師、「何を入れるのだ」
祖暁、「はい、親切を一味入れます」

この一念の親切、これが禅の心、すなわち悟りの心である。同じ一椀のお茶も、この「道心」（菩提心＝悟りの心＝慈悲の心）によって、はじめて生きもし死にもするのである。

祖暁のいう「親切」の語を、単に世間一般でいう親切心と早合点してはならない。いや、禅でいう親切も、人の心として一般にいう親切と変わらないのであるが、そこに何か一味違うところがある。禅者はそこを「尋常一様窓前の月、纔《わず》かに梅花あって同じからず」という。ふだんと同じ窓の月なのだが、きょうは梅の花が咲いているので同じではない、というのである。

〔四〕食材は自分のひとみだ

謂《いわ》ゆる当職《とうしき》、一日夜《いちじつや》を経て、先《ま》ず斎時《さいじ》罷《は》して、都寺《つうす》・監寺《かんす》等《とう》の辺《あたり》に就《つ》いて、翌日の斎粥《さいしゆく》の物料《もつりよう》を打《た》す。謂ゆる米菜《べいさい》等なり。打得《たとく》し了《お》わらば、之《こ》れを護惜《ごしやく》すること眼《がん》睛《ぜい》の如くせよ。保寧《ほねい》の勇禅師《ゆうぜんじ》曰《いわ》く、「眼睛なる常住物《じようじゆうもつ》を護惜せよ」と。之れを敬重《けいじゆう》すること御饌草料《ぎよせんそうりよう》の如くせよ。生物《しようもつ》・熟物《じゆくもつ》、倶《とも》に此《こ》の意を存せよ。

現代語訳

いわゆるこの典座職の一日の仕事は、まず斎座《さいざ》が終って、都寺とか監寺などという役位の所に行って、翌日の斎座と粥座《しゆくざ》の材料を調達するところから始まる。その材料というのは、いわゆる米と野菜とである。材料を調え終ったら、それを自分の眼睛《ひとみ》を守るように大切にせよ。保寧の仁勇《にんゆう》禅師も、「眼睛である常住物を大切にせよ」と言われている。これを敬い重んずることは、天子様の食物のようにせよ。生《なま》の物も、火を加えた物も、いずれもこの心がけであつかえ。

解説

インドでは僧侶は「一日一食《いちにちいちじき》」といって、食事は〝昼食〟を一度だけ摂《と》った。それを禅門では「斎座」と称する。しかし、北国の中国では、それでは栄養が足りないので、「粥座」といって、朝食にお粥《かゆ》を食べ、その上に「薬石《やくせき》」と称して夕食をとり、事実上「一日三食」になった。

ここで、ちょっと補っておきたいのは、ここで、「まず斎時罷《は》して……翌日の斎粥の物料を打す。謂ゆる米菜等なり」とあって、斎座（昼食）が終ると、その後ですぐに次の第五段で、「然して後に明朝の粥を設弁す」と続き、まず主食の米、次に副食の菜羹《さいこう》を支度することが述べられて、夕食のことがまったく出てこないので、不思議に思われる向きもあるかも知れないからである。

それはインドの僧伽《サンガ》（「和合衆」と訳して、釈尊以来の仏教の比丘《びく》の集団をいう）では、「一日一食」といって、正午前に一日一回だけ食事をとるのが定めであった。

正午を過ぎての食事は、「非時食《ひじじき》」すなわち時間外の食事であり、犯してはならない掟《おきて》としてきびしく戒められていた。しかし、仏教が中国に入ってくると、中国の風土と習慣によって僧院の規則が改変されて、「粥座」と「斎座」といって、朝と昼の二度の食事が正規のものとなった。さらに、後世になると、恐らくそれは南宋の頃かと考えられるが、「薬石」と称する夕食がとられるようになる。

道元も「示庫院文《じくいんもん》」の中で、「当山（永平寺）また雪時の薬石を許す」と言っている。しかし、これは「雪時」という厳寒時だけに限って、例外的に認めているわけである。

「薬石」というのは、もとは文字どおり焼いた石を腹部にあてて、体を暖め、飢えをしのいだのであるが、今はそれは名のみで、ふつうの食事が供される。しかし、今日も「薬石喫湯《きつとう》」という名が残っているように、昔は夕食といっても、ご飯ではなく米の湯を飲んだ。そののち、昼食の残りを雑炊にして食べるようになり、ついに今日ではほとんどふつうの食事となった。しかし、昔の名残りをとどめて、今も斎粥の二食とは違って、庫院《くいん》の雲板《うんばん》も鳴らさず、特別に作法もやかましく言わず、どこまでも内密の軽い食事として扱われている。

「監寺」というのは、〝寺務総長〟とでもいうような役で、今日の本山などでいう「監院《かんにん》」のこと。禅録などでは、「院主」と呼ばれて登場することもある。初めは「監寺」だけであったが、後に寺務が繁多になるようになると、その上に「都寺」という役を設け、「都監寺《つうかんす》」とか「都総《つそう》」とか言った。「常住物」とは、寺院の財産調度の類をいう。

典座は、一日の正食である斎座の後で、監院の所へ行って翌日の食事の材料を調達する。調達したら、その材料を自分の眼睛のように護り惜しめ。生の物も火を加えた物も、天子様のお膳の食料のように敬い重んぜよという。今日でも天皇が飛行機に乗られる時には、その整備が民間人の時と違って大変だと聞いた。同じ人間なのだから、そんな差別があってはならないはずであるが、現代でも事実はそうだというのだから、これは中世の話なので、常住物は御饌の草料のように敬重せよ、というのも無理からぬ譬《たと》えであろう。

この段で大事なのは、食物の材料を「眼睛のように護惜せよ」という言葉である。若いうちは目が見えるということの貴重さに気がつかない。五十の声を聞いて老眼になってはじめて人間は目のありがたさを身にしみて感じるようになる。寺の調度はその大事な眼睛と同じなのだ、というのである。禅者にとって「眼睛なる常住物」という言葉は、単なる譬えではない。「悟り」とは、「物我《もつが》一如《いちによ》の自己」の自覚である。「仏法は無我にて候」というが、自己がない時すべてが自己になる。物と我とは不二《ふに》である。

一握りの粉も一枚の野菜も、自分の眼睛だ、というのは、その心である。生物も熟物も、この心で扱え、という教えは、だから、悟りそのものからくる料理人の真心なのである。

〔五〕献立の決定

次に諸《もろもろ》の知事《ちじ》、庫堂《くどう》に在《あ》りて商量《しょうりょう》すらく、明日甚《なん》の味《み》を喫《きっ》し、甚の菜《さい》を喫し、甚の粥《しゅく》等を設《もう》くと。『禅苑清規』に云《いわ》く、「物料《もつりょう》幷《なら》びに斎粥《さいしゅく》の味数《みすう》を打《た》するが如きは、並びに預《あらかじ》め先《ま》ず庫司《くす》・知事と商量せよ」と。謂《いわ》ゆる知事とは、都寺《つうす》・監寺《かんす》・副司《ふうす》・維那《いの》・典座《てんぞ》・直歳《しっすい》あるなり。味数、議定《ぎじょう》し了《お》わらば、方丈《ほうじょう》・衆寮《しゅりょう》等の厳浄牌《ごんじょうはい》に書呈《しょてい》せよ。然《しか》して後に明朝の粥を設弁《せつべん》す。

現代語訳

次に、もろもろの役位である知事たちが庫裡《くり》に集まって、明日はどんな味のものを食べ、どんな野菜を食べ、どんなお粥を作ろうかなどと相談する。『禅苑《ぜんねん》清規』には、「材料やお粥やご飯の献立を決めるには、あらかじめまず庫司・知事と相談せよ」とある。いわゆる「知事」とは、都寺・監寺・副寺・維那・典座・直歳の六役である。献立の相談が終ったら、方丈や衆寮などの前におく掲示板に書き出せ。そうしてから、明日のお粥の用意をする。

解説

「庫堂《くどう》」とは、「七堂伽藍《しちどうがらん》」の一つである「庫院」のことで、〝寺院の庫裡〟のことである。因《ちな》みに、「七堂伽藍」は、禅院のばあいは、「山門・仏殿・法堂《はっとう》」の三つが一直線に並んで建っていて、その左右にわざと幾何学的な対称性《シンメトリー》をくずした形で、「僧堂・東司《とうす》（あるいは西浄《せいじん》）」と「庫院・浴室」が配置されている。「甚」は古語の「何」に当たる唐宋時代の俗語で、「甚麼《じんも》」とも「什麼《いんも》」ともいう。禅門の「六知事」のうち、「典座」と「都寺」と「監寺」はすでに説明した。「副司」は古くは監寺が務めていたが、後に分かれてこの職が設けられるようになったもので、〝禅門の会計係〟である。「副寺」とも書く。「維那」は、〝山内の規綱を取りしまる役〟であるが、今日では〝法要の時の読経の音頭をとる者〟をいうようになった。「直歳」は、一年間当直する意からこの名が起こった。〝普請《ふしん》や土木、また日用消耗品の保管出納などをつかさどる役〟である。

「方丈」は、〝住持の居間〟で、例の維摩居士《ゆいまこじ》の部屋が一丈四方であった故事によって言われる。また「隠寮《いんりよう》」ともいう。「厳浄牌」は〝荘厳清浄の板〟の意で、〝掲示板〟の役をする。今日では漆塗りの黒い板の上に白い胡粉《ごふん》で文字を書く。「庫司・知事」は、都寺・監寺・副司の三役をいう。

禅門の典座は、重要な役で、決して新参の者には当てず、必ず久参の者がこれに当てられる。

それだけ大事な役位であるが、料理の献立については、その典座一人だけで決めずに庫司・知事の三役、あるいは六知事全部が集まって相談するというのだから、大切な修行僧の生命をあずかる料理のことを、どれだけ重要視していたかが察せられよう。しかも、その相談が決定すると、それを住持や雲水に周知させるために「厳浄牌」で掲示する。

これは今日、料理店でその日の料理の品目と順番を示す献立表を客に最初に出すのと同じで、日本料理のばあいは禅門のしきたりに習ったものであろう。

〔十八〕 自ら心を尽くす

米《べい》を淘《え》り菜等を調《ととの》うるには、自《みずか》ら手ずから親しく見、精勤誠心《しょうごんじょうしん》にして作《な》せ。一念も疎怠緩慢《そたいかんまん》にして、一事をば管看《かんかん》し、一事をば管看せざるべからず。功徳海中《くどくかいちゅう》、一滴も也《ま》た譲ること莫《な》く、善根《ぜんこん》山上、一塵《じん》も亦《ま》た積むべき歟《か》。

現代語訳

米を洗ったり野菜などを調理したりするなどのことは、典座が自身で親しく手をくだし、真心を尽くして務めよ。一念でもそれをおろそかにしたり怠ったり、気をゆるめたりしてはいけない。またあることには気をつけてよく見るが、他のあることには気をぬく、というようなことがあってはよくない。

功徳をつむことにおいては、大海の一滴でも人に譲ってはならず、善根をつむことにおいては、山上の一塵でも積んでゆくべきではなかろうか。

解説

現在の料理店でも料理長の下に何人かの料理人がいる。そのように典座寮にも、典座の下に何人かの寮子《りょうこ》がいる。しかし、その責任は典座（料理長）その人にあるのだから、必ずみずから手をくだして、真心をもって務め、一念でも疏怠緩慢であってはならない。あることは自分で気をつけてよく見るが、あることは他人任せというようなことであってはいけない。必ず全体に心を配って気をつけて料理せよ。料理というのは、決してただ食物を作ってそれで自分と家族とが生活をたてるというだけのことではない。それは大切な人間の生命を養うことなのだから、その職務自体が、みずから功徳をつみ善根をつむという実に恵まれた職務なのである。そのことを思えば、断じて他人任せにはできないはずである（〔一三〕参照）。

〔七〕六味・三徳

『禅苑清規』に云《いわ》く、「六味《ろくみ》精《くわ》しからず、三徳《さんとく》給《そなわ》らざるは、典座の衆《しゅ》に奉ずる所以《ゆえん》に非《あら》ず」と。先《ま》ず米《べい》を看《み》ては便《すなわ》ち砂《しゃ》を看、先ず砂を看ては便ち米を看る。審細《しんさい》に看来たり看去りて、放心すべからず。自然《じねん》に三徳円満にして、六味倶《つぶさ》に備わらん。

現代語訳

『禅苑清規』に、「六味がよく調わず、三徳が備わらないのは、典座が大衆《だいしゅ》（雲水たち）のために食事をととのえたことにならない」とある。米をとぐ時に、まず米を見て砂が混じってないかどうかを見、また砂を見て捨てようとして、そこに米が混じっていないかを見る。このように細かに心をこめてよくよく調べてみて、決して心がよそに飛んでいるようなことがあってはならない。そうすれば自然に、三徳が円満に備わり、六味がいずれも備わるであろう。

解説

「六味」というのは、〝苦い、酢っぱい、甘い、辛い、鹹《しおから》い、淡《あわ》い〟の六種の味である。この六味が調和してはじめて、おいしい料理ができる。「三徳」は、食物のでき具合が、〝軽く軟らかで、浄《きよ》く潔《さっぱり》していて、如法《にょほう》すなわち理にかなっている〟ことである。「放心」は『孟子』に見える語で、俗にいう〝うっかりしている〟こと、真心がどこかに放たれていてそこにないこと、をいう。

『禅苑清規』には「六味が精《くわ》しからず、三徳が給《そなわ》らない料理は、典座が大衆のために食物を作ったことにならない」と言っている。いかに真心をこめて作った食事だと言っても、味つけがまずくて、栄養学の理法にかなわない料理を出したのでは、典座の職を全うしたことにはならない、というのである。

食物の味つけは、「六味」といって、苦い、酢っぱい、甘い、辛い、塩からい、淡いという六種の味があって、これが物に応じて程よく調和していなければならない。それだけではない。「三徳」といって、軽軟《きょうなん》（軽くやわらかい）・浄潔（きれいでさっぱりしている)・如法(法にかなって作られている)という三つの徳が備わっていなければならない。僧堂の食事は粗食でまずいというのは、典座の怠慢であり、本当に心をこめて作られた僧堂の精進料理は、世間で高名の精進料理屋のものより、はるかにうまいものである。

筆者は一度、相国寺僧堂を訪ねたとき、その日たまたま叢林同盟の会合の日とかで、ふだんよりご馳走があった日であったそうであるが、その後で高い金を出してよばれた京都の一流の精進料理屋のそれより、比較にならぬほどの上等の料理であった。私は正直にそのことを師家《しけ》の梶谷宗忍《かじたにそうにん》老師に申し上げた。

老師は、「これを作った雲水は、もう修行もほとんど出来ている者です。先日、禅文化研究所でお目にかかったはずです」と答えられた。

私はそれ以後、いろいろ高級な日本料理店によばれる経験をもったが、あれだけの「三徳」の備わった精進料理にはまだ出会わない。

六味・三徳を具備した食事を作る心構えとして、ここにはまず米をとぐことから説かれている。米中の砂や塵を取り去る心得である。これは米を淘《え》ることだけに限らない。菜っぱを洗う時でも同じである。

わが家でも、玄米食の際、家内が台所のテーブルの上で、ていねいに米を選ぶ作業に専念している。何も特別のことではない。

〔八〕砂・米一時に去る

雪峰《せっぽう》、洞山《とうざん》に在って典座と作《な》る。一日、米を淘《え》る次《おり》、洞山問う、「砂を淘りて米を去るか、米を淘りて砂を去るか」。峰云《ほういわ》く、「砂・米一時に去る」。洞山云く、「大《だい》衆箇《しゅこ》の什麼《なに》をか喫せん」。峰、盆を覆却《ふくきゃく》す。山云《さん》く、「子《おんみ》、他後《たご》、別に人に見《まみ》え去らんぞ」と。上古有道《じょうこうどう》の高士《こうし》、自《みずか》ら手ずから精《くわ》しく至《いた》り、之《こ》れを修《しゅ》すること此《かく》の如し。後来《こうらい》の晩進《ばんしん》、豈《あ》に之れを慢ぜんや。先来云《せんらい》く、「典座は絆《ばん》を以《もつ》て道心《どうしん》と為《な》す」と。

現代語訳

雪峰は洞山和尚の会下《えか》で典座の役についていた。ある日、米を選《え》り分けていると、師の洞山が来て「何をしているか」と訊《き》いた。雪峰は「米を選り分けています」と答えた。すると、洞山は、「砂を選り分けて米を除くのか、それとも米を選り分けて砂を捨てるのか」と問うた。そこで雪峰は言った、「砂も米も、いちどきに捨てます」。洞山は言った、「それでは大衆は、いったい何を食べるのだ」。その言葉を聞くと、雪峰は即座に米を盛ってあるお盆をひっくり返した。洞山は言った、「そなたは、これからのち、別の師匠に逢うであろう」。――こうして洞山に「君の縁は徳山にある」と指示されて、雪峰は徳山和尚に相見《しょうけん》した。

昔から道心のある高士が、直接親しく心をこめて、典座の仕事に当たった修行のさまは、このようである。後の世の修行者が、この務めを怠りなまけてよかろうか。先輩も言った、「典座たる者は、絆（たすき?）をかけて働くことをもって道心とする」と。

解説

「雪峰」は、「三たび投子《とうす》に参じ、九《ここの》たび洞山《とうざん》に上《のぼ》る」といわれた歴参の修行者で、後に徳山に参じ、兄弟子巌頭《がんとう》の指導によって大悟、徳山に嗣法《しほう》（師の法を嗣《つ》いで祖師位にのぼること）した。

「洞山」は、曹洞宗の宗祖の良价《りょうかい》禅師。「一時」は、〝同時に〟の意。「什麽」は、古語の「何」と同じ意の唐宋時代の俗語。「他後」は〝のちに〟〝いつか〟の意。
これは、行く先々の禅院にしゃもじとざるとを持ち歩いて、典座の役を務めたという雪峰和尚の若き日の鋭鋒《えいほう》（鋭い機鋒）を示す「淘米《とうべい》」の逸話である。前段に因《ちな》んで道元禅師がここに持ち出された公案で、昔の禅僧は、こんなふうに典座の職を務めながら、道を究めていった、後世の我々もお手本にすべきである、との意で引かれたものである。

以下に少しく蛇足を加えて、この公案の絵解《えと》きを試みておく。

「七仏通戒《しちぶつつうかい》の偈《げ》」といわれるものがある。「諸悪莫作《しょあくまくさ》、衆善奉行《しゅぜんぶぎょう》、自浄其意《じじょうごい》、是諸《ぜしょ》仏教《ぶつきょう》」という。「諸《もろもろ》の悪は作《な》すことなく、衆《もろもろ》の善は奉行して、自《みずか》ら其《そ》の意を浄うする、是《こ》れ諸仏の教えなり」と訓《よ》む。この偈を、ただ「悪いことをするな、善いことをせよ」とだけ解したのでは、自我レベルの道徳の話であって、宗教の発言にはならない。

宗教として大事なのは、第三句の「自浄其意（自ら其の意を浄くする）」にある。

ここでまた大切なのは、「浄」といっても「穢」に対する語ではないということだ。仏教語の「清浄《しょうじょう》」は、常に「空」の意である。宗教のことは、一度何としても自己を「空」じた上での話である。自我レベルを超えた、いわゆる「無我」の体験をしなければならない。

「砂を捨てて米を取る」というのでは、まだ「悪を作さず、善を奉行する」という相対分別の自我レベルの世界を出ない。そこで「米・砂一時に去る」という「真空《しんくう》無相《むそう》」の体験が、どうしても一度は必要である。雪峰はいったんの「悟り」にまかせて、みずからの「無相平等」の心境を「覆盆」という乱暴な仕打ちで表現した。

しかし、それでは、まだ「空」の平等に酔っぱらっているので、「差別なき悪平等」である。そこで「それではいったい大衆は何を食べるのか」と洞山和尚は「悟り」のそのさきを教えようとした。善悪の分別の世界を一度否定し超越した上で、その「空」が「妙有差別《みょううしゃべつ》」の世界として、生きて日常生活の上で働くのでなければならない。「米・砂一時に去る」は、いかにも痛快だが、それでは大切な大衆の食事を調える典座の役目は務まらない。

一度善悪の分別を超えて、その無分別平等のところからふたたびもとの善悪の分別の世界に還ってきてこそ、「平常心是れ道」という禅の世界がある。やはり、砂を捨てて米を取らなければ典座の務めはできないのである。この時まだ雪峰はそれだけ未熟であったわけである。

しかし、こうなると、禅門の料理というのは、ただ雲水たちの肉体を養うために食事を作るというだけのことではないことが分かる。禅門の料理は、「悟り」の働きである。自我レベルでどんなにうまい料理を作っても、それでは禅の料理とは言えない。一度その自我を否定して「空」とか「無我」とかいう「無相平等」の境に入って、そこからふたたび「日常差別」の世界に還ってくるのでなければならない。「死んで生きるが禅の道」という。

中国の五代の頃、稽山《けいざん》の章和尚が、まだ投子和尚のもとで修行していた時、柴を刈って薪《まき》を作る柴頭《さいじゆう》という役についていた。ある日、薪作務《たきぎざむ》のあとで、師匠の投子和尚がねぎらいのお茶を一服ふるまわれた。そのとき茶をつぎながら、「森羅万象、すべて這裡《しやり》にある」と言われた。

これはまた大変なお茶である。うっかり飲もうものなら、どんなめにあうか分からない。

しかし、章禅士は少しばかりの自らの悟りの力量を誇って、師匠の言葉がまだ終らないうちに、茶椀をふっとばして、「森羅万象、甚麼処《いずこ》にかある」と、若い禅機

（禅の働き）をむき出しにした。

　そのときである、投子和尚は静かに言われた、「惜しむべし、一杯の茶」と。あたら一杯のお茶を台なしにしたね、そんなことではお前はまだ這裡《ここ》が本当に手に入っていないね、というのである。

　這裡とは甚処《どこ》か？

〔九〕自ら手ずから

如《も》し米砂《べいさ》誤りて淘《え》り去ること有らば、自《みずか》ら手ずから撿点《けんてん》せよ。『清規』に云く、「造食《ぞうじき》の時は、須《すべか》らく親しく自ら照顧《しょうこ》すべし。自然《じねん》に精潔《じょうけつ》ならん」。其《そ》の淘米《とうべい》の白水《はくすい》を取りて、亦た虚《むなし》く棄《す》てざれ。古来は漉白水嚢《ろくはくすいのう》を置いて、粥米《しゅくべい》の水を弁ず。鍋《かい》に納《い》れ了《おわ》れば、心を留めて護持し、老鼠《ろうそ》等をして触誤《しょくご》し、並びに諸色の閑人《かんじん》をして見触せしむること莫《な》かれ。

現代語訳

もし米と砂とを間違って流してしまったら、自分で手ずから調べ直せ。『清規』に、「食事を作る時には、典座自身で親しく手もとを反省しなければならない。そうしてこそ自然に見事な食事ができよう」とある。白い米のとぎ汁も取っておいて、むだに捨ててはならない。昔から、とぎ汁を漉《こ》す袋を用意して、そのとぎ汁はお粥や米を炊く時の水に使った。米を鍋に入れ終ったら、念入りに注意して護り、老鼠などが害をしたり、また各種の閑人《ひまじん》どもに、のぞき込んだり手をふれたりさせないようにせよ。

解説

下総《しもうさ》の本昌寺の隠之《いんし》和尚の寺には常に百人もの雲水がいた。時に黙山《もくさん》が典座であったが、毎晩みなが寝てから独りで何かを食べていた。この噂が師匠の耳にも聞えた。しかし隠之和尚は、黙山を信じていた。だが、隠侍（隠寮侍者）までが、「私も確かにそれを見ました」というので、夜になってご自身で庫裡に出て来られた。噂どおり黙山が鍋で何かを煮ながら、その傍らで坐禅をしている。

それを見て隠之和尚は言った、「特別のご馳走でもできるのかな」

黙山は答えた、「いいえ、ちょっとしたものでございます」

和尚は言った、「私にも少しくれないか」

黙山は答えた、「これは私がいただくもので、とてもお師匠さまにさしあげるものではありません」

隠之和尚はいう、「そなたに食べられるものが、どうして私に食べられないことがあろうか」

師のたっての言葉で、黙山はしかたなくそれを椀に盛って差し出した。和尚が食べようとして、鼻先に持ってくると、何ともはやすごい悪臭である。

びっくりして言った、「これは何だ」

黙山は静かに言った、「ですから、お師匠さまにさしあげるものではありません、と申したのです」

それは実は調理場の流し台のところに付けた漉し袋に受けた物のなかから、食べられそうな物を見つけて小鍋で煮ていたものであった。

和尚は言った、「どうして、そんなことまでして食うのか」

黙山は答えた、「お師匠さまの徳を慕って諸国からたくさんの雲水が集まってきます。それで食料が不足がちです。しかし、だからといって掛搭《かた》（掛錫《かしやく》）を断わるにも忍びません。それで私の分を他に分けて、私はこうして漉し袋で受けた物をいただいているのです。初めはのどを通りませんでしたが、このごろではどうにか食べられるようになりました」

和尚はこの話を聞いて涙を流して喜ばれたという。

筆者はこの話を学友篠原寿雄兄の本で読んで、心を打たれた。それで、ここに略記してご紹介した。

天竜寺の滴水《てきすい》和尚は近代日本の禅界を代表する禅匠であるが、その滴水という名の由来は、修行時代に岡山の曹源寺で儀山《ぎざん》和尚に就いていた時、風呂当番になり、師匠に「熱いから水をうめよ」と言われて、手桶の底に残っていた少しの古い水を捨てて、新しい水を汲んできた。

それを見ていた儀山和尚は、

「お前はそういうことでは、何年修行しても善知識にはなれぬぞ。その残り水をなぜ植木の根にでもかけてやらぬか。そうすれば植木も生きるし、水も生きる。禅者というものは、物を生かしてこそ自分が生きるのだ」

と教えられて、その心を忘れまいと、自ら一滴の水すなわち「滴水」と号して、ついにあれだけの巨匠になったのだという。

〔一〇〕整理整頓

粥時《しゅくじ》の菜を調え、次に今日の斎時《さいじ》に用うる所の飯羹《はんこう》等を打併《たへい》し、盤桶《ばんつう》幷《なら》びに什物《じゅうもつ》は調度《ちょうど》、精誠浄潔《しょうじょうじょうけつ》に洗灌《せんかん》し、彼此《ひし》高処《こうじょ》に安《お》くべきは高処に安き、低処《ていじょ》に安くべきは低処に安け。高処は高平、低処は低平なり。挟杓《きょうしゃく》等の類、一切の物色《もつじき》、一等に打併して、真心《しんしん》に物を鑑《かん》し、軽手《けいしゅ》に取放《しゅほう》す。然《しか》る後に明日の斎料《さいりょう》を理会《りえ》し、先《ま》ず米裏《べいり》に虫有るを択《えら》べ。緑豆《りょくず》・糠塵《こうじん》・砂《しゃ》等、精誠《しょうじょう》に択《えら》び了《おわ》れ。米を択び菜を択ぶ等の時、行者《あんじゃ》諷経《ふぎん》して、竈公《そうこう》に回向《えこう》せよ。

現代語訳

粥座《しゅくざ》（禅門の朝食）のお粥のお惣菜《かず》を調えたなら、次に今日《そのひ》の斎座《さいざ》（禅門の昼食であるが、釈尊以来インドではこれが一日一食という場合の仏門の正餐である。しかし、それでは身体がもたないので、中国では朝食である粥座と薬石《やくせき》と称する夕食をとり、一日三食となった）の時に用いるご飯やお汁（吸いもの）の用意をして、飯桶《めしびつ》や汁桶《しるおけ》および菜器や杓子《しゃくし》などの台所の諸道具を、真心をこめてていねいに洗い清め、それぞれ高い所に置くべきものは高い所に置き、低い所に置くべきものは低い所に置け。「高い処は高いなりに平等に、低い処は低いなりに平等である」と言われるとおりである。

菜箸《さいばし》や杓子など、すべての器具は、それぞれ同じように取りそろえて、真心をこめて検査し、そっとていねいに取り上げたり置いたりせよ。そのあとで、明日の斎座の材料を考え、まず米の中に虫がいたら取り除け。米の中にまじっている緑豆やもみがらや砂や石なども、真心をこめて取り去れ。米を調べ惣菜を調べる時は、行者諷経といって、庫司《くす》行者《あんじゃ》と呼ばれる典座の下働きをする行者のとなえる読経をして、竈公真宰《そうこうしんさい》といわれるかまどの守護神に回向せよ。

解説

第五段の終りに、「然して後に明朝の粥を設弁す」とあるのを受けて、明朝の粥座の用意をし、次に斎座の用意をするのである。ここで大切なことは、飯桶その他の器具類を真心をこめてていねいに洗い、それぞれ、高い所に置く物は高い所に、低い所に置く物は低い所に置いて、調理場の整理整頓をすることが説かれてある。これは禅院の典座職に限らず、専門の料理人でも、台所の主婦でも、同様であろう。第四段に「眼睛《がんぜい》な常住物」という語があった。台所の器具の一つ一つを、自分自分の眼睛《ひとみ》と心得て大切に扱い、洗い清めて、物に応じて高い所・低い所とそれぞれに置くべき所に、きちんと安置せよというのである。

この「高処は高平、低処は低平」という語を、「高い所は高い所なりに平らかに、低い所は低い所なりに平らかにするのである」と解して、「高い所は高い所で、それなりの平らかな安定を得、低い所は低い所なりに平らかな安定を得る」ことだとして、「高い所に置かれるものが低い所に置かれたり、高い所であっても安定を得られずに置かれるならば、いかにも落ち着きが悪いであろう。……見た目にもいかにも不自然であり、また不調和に見えるであろう」などとする向きもあるが、台所における作業としては実際上はそうであっても、道元禅師がこの「高処は高平、低所は低平なり」という語を、ここに挿入されたのは、ただそれだけの意味ではない。

実はこんな話がある。

ある日仰山《きょうざん》は師の潙山《いさん》に随って田を開墾していた。

そのとき、仰山が言った、「こっちはこんなに高くて、あっちはあんなに低くなっています」

潙山は言った、「水が平らかであり得るのは、物が水平であるからだ（高低があるなら、水平にすればよいではないか）」

そのとき仰山は言った、「水なんかに依って水平にすることは要《い》りません。老師、ただ高い所は高いままに平らかで、低い所は低いままで平らかです（差別のまま平等です）」

中国禅の五家のなかでも、潙仰宗《いぎょう》は「父子唱和」と言って、こんなふうに、師の潙山と弟子の仰山の禅問答の唱和によって宗旨を挙揚《こよう》するのをその家風としている。『正法眼蔵』の「阿羅漢《あらかん》」の巻には、「心得自在の形段《ぎょうだん》、これを高処は自《おのずか》ら高平に、低処は自ら低平なりと参究す」という語がある。悟って心の自由を得た者は、高い所は自然に高いままで平等で、低い所は低いままで平等だと参究するというのである。また「見仏」の巻には、釈尊が「この娑婆《しゃば》世界を見るに、その地瑠璃《るり》にして、坦然平正《たんねんびょうしょう》なり」と言われているが、それは「高処高平、低処低平なり」ということである。それが「瑠璃地」ということである。「坦然平正であると見る眼をおろそかにしてはならぬ」とも言っている。

『金剛経《こんごうきょう》』に「是法平等《ぜほうびょうどう》・無有高下《むうこうげ》」という文がある。「この法は平等にして、高下(差別)あることなし」と訓《よ》む。

仏教の「悟り」というのは、今まで自我を中心にして「差別」の世界にだけ生きてきた者が、その差別の根底に「平等」の世界のあることに目覚《めざ》めることである。そのために坐禅をして自己を空じて(「空」とは〝ゼロ〟の意、すなわち「無我」の体現である)、「物我一如《もつがいちによ》・自他不二《じたふに》」という平等一如の真人《しんにん》(仏)を自覚するのである。そこから、先の『金剛経』の語が出てくる。しかし、そこに腰をすえたのでは、まだ本当の「悟り」ではない。

ある中国の禅者は言った、「私がまだ悟らない時は、〈山は山で、川は川であった〉(差別)。しかし、悟ってみたら、〈山は山でなく、川は川でなかった〉(平等)。

しかし、もう一つ徹底して悟って見ると、〈山はやはり山であり、川はもとのとおりに川であった〉（平等即差別）」（『五燈会元《ごとうえげん》』青原惟信章）。

真の平等は「高下あることなし」のままで、「高処は高平、低処は低平」でなければならぬ。すなわち高低の差別のままで平等である。だから、古人も「差別のない平等は悪平等である」と言った。「正法《しょうぼう》に不思議なし」である。悟ってもやはり「富士山《ふじさん》は高く、愛鷹山《あしたかやま》は低い」のである。それなのに、自己のいったんの悟りに酔うて、悪平等に陥るのを「野狐禅《やこぜん》」（真の仏法である「無我禅」をはき違えた「大我禅」）というのである。

古徳の語に「長者長法身《ほっしん》、短者短法身」というのがある。

達観和尚に僧が問うた、「どんなのが長者長法身ですか」

達観は答えた、「拄杖《しゅじょう》の長さは一丈六尺だ」

僧は重ねて問うた、「どんなのが短者短法身ですか」

達観は答えた、「易の算木《さんぎ》は短くて三寸だ」

僧は言った、「そんなら法身（真実在）に二つあるのですか」

達観は言った、「長短どころか、その上に四角も丸もあるぞ」

長短も、方円も、高低も、差別そのままで平等で、それが真の法身のあり方である、というのである。

だから、道元は「高い所に置くべき物は高いなりに水平に置いて器具を安定させよ」などというだけのことを言っているのではない。高処も低処も差別がありながら平等だ、という禅の宗旨をここで学べ、と言っているのである。道元が「威儀即仏法・作法是れ宗旨」というのは、そこの大事である。だから台所や調理場の整理整頓がそのまま「禅」の働きである。

竈《かまど》の神の前で読むお経として、『知事清規《ちじしんぎ》』には、「法華経安楽品《ほけきょうあんらくぼん》・金剛経・観音経・楞厳経《りょうごんきょう》・大悲《だいひ》呪《しゅ》・金光明経空品《こんこうみょうきょうくうぼん》・証道歌・潙山警策・信心銘」などが挙げてあるが、私は禅者としては竈の神など認められないので、せっかくの道元の言葉であるが、こんなところは飛ばして読むことにしたい。ただ料理人がその食事をとる者のために祈りの心をもって料理をする真心だけを読み取ればよい。

禅は釈尊の仏法の直系で、本来無神論であるべきで、まして竈の神などという幼稚な多神教などに囚われる必要は毛頭ない。

道元の基本思想

ここらで、釈尊の仏法の基本思想を述べておくのが、よいかも知れない。釈尊は人生を苦と見られた。楽しいこともあろうが、総じて観ずれば人生は苦しみだと。そこで、その苦しみの原因を求められた。その際に人間が神の命令に背いて罪を犯したその罰で苦しみを受けているというようには考えなかった。その意味では釈尊は無神論者であった。

また人間の死後の霊魂の有無を問われた時も、「ノー・コメント」で通された。釈尊の考え方は、多くの近代人と同じように、無神・無霊魂であった。だから、葬式や法事などの先祖供養と本来の仏教とは直接の関係はない。事実長い間、釈尊の教団は死者儀礼とは全く関係がなかった。

仏教が葬式や法事に関わったのは「孝」を道徳の根本とする中国の儒教文化圏に入ってきてからである。さらに日本では徳川幕府の宗教政策によって、仏教が骨ぬきにされ、檀家制度の上にあぐらをかいて、釈尊や祖師の教えを宣べることも忘れて、ただ葬式・法事を事とするようになって僧侶が堕落したのが原因である。

それはともあれ、神の罰でなければ、偶然か運命か。釈尊はそうも考えなかった。人生苦という結果をもたらしたものは、ほかならぬ人間自身の行為（これを「業《ごう》」という）である。結果があれば原因がある。その原因を因縁《いんねん》という。物事はすべて「因縁生起《しょうき》」である。苦しみの原因は知性的に言えば「無明《むみょう》」（迷い）であり、情意的に言えば「渇愛《かつあい》」（のどの渇くような強い欲望、すなわち煩悩《ぼんのう》）である。そこでその煩悩の火が吹き消され、無明の迷いからさめて、本来の自己にめざめた悟りの境地（これを「涅槃《ねはん》」という）を求められた。そして、ついに法（真理）を悟り、すなわち本来の自己を自覚して「仏陀《ぶつだ》」となられた。仏陀とは自覚者の意である。だから、死人を仏と考えることなど、これもまた真の仏教とは全く関係ない。

私は先に「差別」の世界にだけ生きていた者がその根底に「平等」の世界のあることにめざめることが「悟り」だと言った。差別の中心に「自我」がある。そのエゴに生きているのが衆生《しゅじょう》であり凡夫《ぼんぷ》である（差別）。その自我を空じて無我になる（平等）。そのとき不思議に「自己がないとき、すべてが自己になる」という境地が開けて「天地と一体、万物と同根」という「物我一如・自他不二」（平等即差別）という本来の自己にめざめて、覚者（仏＝真人）になる。これが正しい仏教である。そこにおいて、食事の材料を「自分の眼睛」のように思う（物我一如）ことも、はじめて可能になる。いや、他人のために食事を作るというその他人が、自分と区別はできるが切り離せない（自他不二）存在となる。他人の痛みが自分の痛み、他人の喜びが自分の喜びとなる。そこで悟りの智慧《ちえ》である「般若」が、そのまま自発自展して大乗の菩薩の「慈悲」として働く。これを道元禅師は「本証《ほんしょう》が妙修《みょうしゅ》する」という。「衆生本来仏なり」（白隠）という〝本来の証悟〟が〝凡夫の思議を絶した修行〟として働く。そこに「威儀即仏法・作法是れ宗旨」という道元の生活禅がある。

料理を作る典座の行がそのまま仏法であるというのも、そこからである。『典座教訓』を読む場合にも、この道元の基本思想である「本証妙修」というところから見なければ、本当の理解はできない。

「本証」は〝本来の証悟《さとり》〟の意で、「天台の本覚思想」の影響を受けて、何時《いつ》・何処《こ》で誰が如何《どう》して悟ったかという「始覚」と呼ばれる悟りとは関係なく、修行や自覚の有無に関わらず、人間は本来証悟した「本覚」の仏である、という信念である。

ただ道元が天台本覚思想と違うのは、それを「本証の妙修」（般若の自発自展）として、「威儀即仏法・作法是れ宗旨」と主張して生活化したところにある。

「威儀」とは「行・住・坐・臥」の四威儀といって、美空ひばりさんの歌う「行くも住《と》まるも坐るも臥《ふ》すも」である。だから、典座が料理の用意をし、器具を洗い、整頓し、主婦が台所で料理人が調理場で働くそのことが、本来仏《ほとけ》である真人《しんにん》の働きなのである。本来の証悟という「般若」（悟りの智慧）の自発自展すなわち妙修という仏作《ぶっさ》仏行《ぶつぎょう》なのである。そこに「我ここにおいて切なり」という真心の働きがある。

また、専門家である料理人がこの大事を悟らず、単なるサラリーのための職業だと考えているとしたら、何とも残念至極と言わねばならない。料理こそ真人の働きそのものだと悟るべきである。

〔一一〕副食物の材料

次に菜羹《さいこう》の物料《もつりょう》を択んで調弁《ちょうべん》す。庫司《くす》に随いて打得《たとく》する所の物料は、多少を論ぜず、麤細《そさい》を管《かん》せず、唯《た》だ是《こ》れ精誠《しょうじょう》に弁備するのみ。切《せつ》に忌《い》む、色《いろ》を作《な》して口に料物の多少を説くことを。竟日通夜《ひねもすよもすがら》、物《もの》来たりて心に在《あ》り、心帰《こころき》して物に在り、一等に他《それ》の与《ため》に精勤弁道《しょうごんべんどう》す。

現代語訳

次に、副食物《おかず》やお汁《つゆ》、その材料を用意する。庫司から支給された材料は、量の多少を問題にせず、品質の善悪に関わらず、ただ真心をもって料理するだけである。顔色を変えたり、品数《しなかず》の多少を口にしてはならない。一日中、夜も昼も、その物に心をおき、何でも同じように、そのために精進し修行するのである。

解説

前段で、主食である米について調べ終っているから、次に、ここで副食物やお汁についても、心をこめて調え、その材料を用意せよ、というのである。

第五段に、「諸の知事、庫堂に在りて商量す」とあったように、役位である諸知事が庫裡に集まって献立を相談するのである。だから献立はすでに決まっている。そこで典座はその諸知事の決定に従って庫司（前出第四段の、典座の上役である都寺・監寺等の知事を指すか）から材料を受け取る。

その庫司から支給された材料については、その量の多少や、品質のよしあしを論じてはならない。ただひたすら真心をこめて用意するだけである。

たとえば、粗末な野菜か当時としては高価な椎茸のようなものかなどということを問題にしてはならない。

顔色を変えて品数の多い少ないを口に出したりすることは、決してしてはならない。

昼も夜も一日中、その材料のことが自分の心の中にあり、心もまたその物に帰するようにして、どんなものでも一様にそのものそれを生かしぬいて、少しでもおいしい料理を作るように努力する、それが典座の修行というものである。

食物の材料の品数の多少や品質の麤細（粗末なものと上等のもの）に、顔色を変えたり、口に出して不平を言ったりすることは「切に忌む」べきだという。この注意は、まことに人間的であって興味深い。

大勢の修行者の生命を預かる典座としては、何とかしておいしい食事を雲水たちのために作りたいと思えば、ついこんなことも往々にしてあろう。第九段の黙山のように、自分がおいしいものを食べようというのではなくて、修行者たちのために少しでもおいしく栄養のあるものを食べてもらおうと思えば、与えられた材料の品質や多少によっては、時に顔色も変わろうし不平も言いたくなろう。

しかし、材料が粗末で数量も乏しい時でも、それはそれなりに真心をこめて料理するのが典座の修行だ、と道元は言うのである。その真心の工夫修行を、ここには「物来たりて心に在り、心帰して物に在り」と言っているのである。この心境を「物我《もつが》一如《いちによ》」という。

料理する者と料理の材料とが一体になる、物が我か我が物か、物と我と一如になる。ここまできてはじめて、その材料が生きてくる。こうして物を生かして、おいしい料理ができたとき、その人は本当の料理人になるのである。第九段の儀山和尚は、そのことを、「禅者というものは、物を生かしてはじめて自分自身が生きるのだ」と言われたのである。

〔一二〕物我一如

三更《さんこう》以前に明暁《みようきよう》の事《じ》を管《かん》し、三更以来に做粥《さしゆく》の事を管す。当日の粥了《しゆくおわ》らば、鍋《か》を洗い飯を蒸《む》し羹《こう》を調う。斎米《さいべい》を浸《ひた》すが如きは、典座水架《てんぞすいか》の辺を離ること莫《な》く、明《みよう》眼《げん》に親しく見て、一粒《りゆう》を費《ついや》さざれ。如法《によほう》に洮汰《とうた》して、鍋に納れ火《い》を焼《た》き飯を蒸す。古《こ》に云く、「飯を蒸す鍋頭《かとう》を自頭《じとう》となし、米を淘《え》りては、水は是れ身命《しんみよう》なりと知る」と。

現代語訳

夜の十二時前に、明朝の仕事を処理し、十二時後に朝のお粥を作る仕事にかかる。その日の粥座が終ったら、鍋を洗い、昼食のご飯を蒸し、お汁《つゆ》を調理する。ご飯のお米を水に浸すような時は、典座たる者は流し場の辺《あたり》を離れることなく、輝く眼《まなこ》で親しくみずから見て、一粒《ひとつぶ》のお米でも無駄にしてはならない。法のとおりにお米をといで、鍋にいれ、火をたいて、ご飯を蒸すのである。古人の言葉に、「ご飯を蒸す時は、お鍋を自分だと思い、お米をとぐ時は、水を身命《いのち》だと心得よ」とある。

解説

典座の職に当たる者は、一日中衆僧の食べるもののことに心を配らねばならぬわけだが、まずそれを夜の十二時で時刻を分けて、夜の十二時までは翌朝の粥座のための心配りをし、夜の十二時を過ぎてから、いよいよその朝粥を作る仕事に取りかかる。

ここまでで、粥座（朝食）のことは一応終ったので、次に斎座（昼食）のことになる。粥座が終ると、鍋などの食器を洗って、昼食の仕度にかかる。ご飯を蒸し、お汁などの副食を調理する。

斎座の米を水に浸してとぐ時などに、典座は流し場の辺を離れずに、親しくみずから眼を見はって、ただ一粒も流して失うことのないようにする。そして、如法に米をとぎ、鍋に入れて、火をたいて、蒸すのである。

ここで、道元は「鍋を自分の頭だと思い、水を自分の生命だと思え」という古人の語を引いている。

この「飯を蒸す鍋頭を自頭となし、米を淘りては、水は是れ身命なりと知る」という一句は、前段の「物来たりて心に在り、心帰して物に在り」という一句とともに、禅の悟りの心境ともいうべき「物我一如」の心を端的に示している。

「物我一如」とはどんな心か。

道元は言う。


仏道をならうというは、自己をならうなり。自己をならうというは、自己を忘るるなり。自己を忘るるというは、万法《まんぼう》に証せらるるなり。万法に証せらるるというは、自己の身心および他己の身心をして脱落せしむるなり。(『正法眼蔵』「現《げん》成公按《じょうこうあん》」)

一応の現代口語訳を付してみると、次のようになろう。

仏道を習うということは自己を習うことである。自己を習うということは、自己を忘れることである。自己を忘れるということは、万物《すべてのもの》に〈真実の自己〉を証せられることである。万物に自己を証せられるということは、自己の身心と他己の身心とを脱落させることである。

仏道とは自己を究明する道だ。先覚を手本にして自己を習うのである。「習」の字は「羽」の下に「白」と書く。「白」はもと「自」の字である。ひな鳥が天空高くはばたく親鳥を見て、自分も羽根をばたばたさせて習うのである。日本語で言えば、「まねぶ」（まねる）すなわち「まなぶ」ことである。これを中国語では「習」という。

「自己をならう」というのは、自己を鍛えて、大我にすることではない。反対に自己を否定して無我にすることである。すなわち自己を空ずるのである。それを道元は「自己を忘れる」と表現する。自己を空じて自己が無になると、不思議なことにすべて（万物）が自己になる。そこを「万法に自己を証せられる」という。つまり、「万物に〈真実の自己〉を実証される」のである。自己否定を媒介にして、真の自己肯定が実現する。そのとき「真人《しんにん》」（身心脱落した自己）が「真如《しんにょ》」（身心脱落した他己）を見るのである。そこに「真人即真如」という「法《ダンマ》が露《あらわ》になる」。そこを道元は「万物に自己を実証されるとは、自己の身心と他己の身心とを脱落することだ」というのである。そこでは自己（真人）も他己（真如）も「無相の自己」(Formless Self) の、ある時《とき》ある位《くらい》である。

「仏教」とは〝仏陀の教え〟であり、同時に各自が〝仏陀になる教え〟である。「仏陀」とは〝覚者〟の意である。覚するとは何を覚《さと》るのか。「無相の自己」（無位の真人）に目覚めるのである。

『正法眼蔵』に「山水経」という美しい文章がある。道元は言う。

而今《にこん》の山水は、古仏の道現成《どうげんじょう》なり。ともに法位に住して、究尽《ぐうじん》の功徳を成《じょう》ぜり。空劫《くうごう》已前の消息なるが故に、而今の活計なり。朕兆未萌《ちんちょうみぼう》の自己なるが故に、現成の透脱なり。（「山水経」）

これも簡単に口語にしておこう。

今、自分が目にしている深草の山や川は、古仏の道《ことば》の現前成就である。いずれも法位（存在の法としての本来のあり方）に住して、究極の功徳を成就している。それは空劫以前の、すなわち時間を超えた永遠の消息であるから、而今《いま》（永遠の今＝絶対現在）の活計（暮し向き）である。朕兆未萌（もののきざしさえまだきざさない前）の自己（無相の自己）であるから、現成の透脱（有相《うそう》――忘れるべき、否定さるべき自己とそして同じく否定さるべき山水の超越。自己の身心・他己の身心の脱落即本来の面目〔真人＝真如〕の現成）である。

ここは一言で言えば、「而今の山水」（客観）即「朕兆未萌の自己」（主観）であるというのである。そこに「主客未分以前」（朕兆未萌）の自己の自覚がある。「物我一如」「自他不二」である。そうした自己の自覚を悟り（般若）といい、それを覚した者が仏である。

この悟りを「般若《はんにゃ》の智慧《ちえ》」の立場から、「鍋頭を自頭となし」、「水は是れ身命なりと知る」ということも可能になる。料理の仕事は本来「真人（仏陀）の働き」、すなわち「仏行《ぶつぎょう》」なのである。これを道元は先に言ったように「本証の妙修」というのである。めいめいが本来証《さと》っている（本証）仏性《ぶっしょう》（仏としての本性）の自発自展としての不可思議な実践（妙修）だというのである。そこに、道元は最も浅い日常の料理という実践のなかに、最も深い神秘的な宗教的意味を見ているのである。本当の典座の修行は、ここに眼を開くことなしにはできない、というのである。

話が少しむずかしくなった。私は旧制中学の「国語読本」で読んで以来忘れがたい一文を引いて、この段の結びに代えたいと思う。

一日奕堂《えきどう》和尚は殷々《いんいん》とひびく暁鐘《きょうしょう》に心耳《しんに》をすまし、禅定《ぜんじょう》（坐禅）から起《た》って侍僧を召し、鐘つく者の誰なるかを見せしめた。侍僧はそれが新参の一小沙弥《しゃみ》である旨を帰り報じた。

そこで奕堂和尚はこれを膝下《しっか》に招いて、「今晩の鐘は如何《いか》なる心持ちでついたか」と尋ねられた。

沙弥は「別にこれという心持ちもなく、ただ鐘をついたばかりであります」と答えたので、

「いや、そうではあるまい。何か心に思うていたであろう。鐘つかばかくこそ、まことに貴いひびきであったぞ」と言われた。

「別にこれという心得も候わねど、ただ国許の師匠が、『鐘つかば鐘を仏と心得て、それに添うだけの心の慎みを忘れてはならぬ』と常々戒めて下されたことを思い浮べて、鐘を仏と敬い、礼拝しつつついたばかりでございます」と答えた。

奕堂和尚はしみじみとその心がけを賞し、「終生万事に処して今朝の心を忘るなよ」と戒められた。

この小沙弥こそは後年の森田悟由《もりたごゆう》大禅師であった。朝毎に慎んでつく鐘の一韻にさえ、かほどまで敬虔の念いをこめた古人の心づかいは、いかにいみじきものではないか。（奥田正造著『茶味』）

「鐘つかば鐘を仏と心得て」という。しかし、仏をただ自己の外にのみ拝んでいては「禅」にはならぬ。自我を空じて無我になれば鐘がただちに自己である——物我一如、「鍋を自己とし水を身命と知る」心にこそ、禅者としての真の敬虔の念があることを知らねばならぬ。

料理の道はただちに仏の道に通ずるのである。そこを見失うて、ただ食事を作るだけのことと軽々しく考えてはならぬ。

〔一三〕典座とその下役

飯を蒸《む》し了《おわ》らば、便《すなわ》ち飯籮裏《はんらり》に収《おさ》め、乃《すなわ》ち飯桶《はんつう》に収めて、擡盤上《だいばんじょう》に安《お》け。菜羹等《さいこうとう》を調弁《ちょうべん》すること、応《まさ》に飯を蒸すの時節に当たるべし。典座親しく飯羹《はんこう》調弁の処在を見、或《ある》いは行者《あんじゃ》を使い、或いは奴子《ぬす》を使い、或いは火客《かかく》を使いて、什物《じゅうもつ》を調えしめよ。近来は大寺院に、飯頭《はんじゅう》・羹頭《こうじゅう》あり。然而《しか》れども是《こ》れ典座の使うところなり。古時は飯・羹頭等なく、典座一管《いっかん》す。

現代語訳

蒸し終ったご飯は、ただちに夏は竹製のご飯入れに収め、冬は飯桶《めしびつ》に入れて飯台の上に安置せよ。お菜《かず》やお汁《つゆ》などを調理することは、ご飯を蒸す時にするがよい。このとき典座は親しくみずからご飯を蒸し副食《おかず》を作るところを見ており、時としては行者《あんじゃ》を使い、あるいは寺男を使い、火焚《ひた》きの人夫を使って、品物を調えさせよ。
近ごろでは、大寺院では、飯頭《はんじゅう》（ご飯係り）や羹頭《こうじゅう》（お菜を作る役）がいるが、これは典座の下役である。昔はそんな者はいないで、典座が一人ですべてを取りしきった。

解説

ご飯ができ上ったら、人の歩くところや塵埃のかかる場所においてはならない。きちんと飯桶に入れて飯台の上におく。お菜やお汁などはご飯が蒸される間に調理する。

それでこそご飯がさめたり、お汁が冷えたりする手違いが起こらない。わずかな手順の狂いが、せっかくの苦心の料理の味を失わせることになる。万事ていねいに心を配って、手ぎわよく順序を立てて仕事を運ぶ工夫が必要である。料理の万事に無駄のない、すらすらと自然な手運び、それはあたかも茶道のそれの如くでなければならない。

大寺院になると、典座一人ではまかないきれないで、行者（寺男）とか奴子（在家でいう下男)とか火客(台所の火の番)などの下働きの者を使うようになったが、昔は典座がすべて一人で取りしきったものだ。衆僧の生命をあずかる大事な仕事を他人まかせにはできないというものである。「他は是れ吾れに非ず」である。
道元は後段で、こういう話を書いている。

中国の天童山で老典座が椎茸を干しているので、「どうして行者（寺男）を使わないのですか」と問うたら、その老典座が「他は是れ吾れに非ず」と言った。道元が重ねて「今は陽ざしが強いから」と言うと、老典座は「さらにいずれの時をか待たん」と言った。

何という尊い心境であろうか。日常のなんでもない椎茸干しというような作務《さむ》（禅門の勤労）のなかに、禅者の心にはこれだけの法《ほう》と志気《しいき》とがあった。若い道元が中国禅院におけるほんものの禅道仏法に接した日の感激が眼に見えるような一文である（〔二四〕参照）。

〔一四〕料理すなわち仏の行

凡《およ》そ物色《もつしき》を調弁《ちようべん》するに、凡眼《ぼんがん》を以《も》って観ること莫《な》く、凡情を以って念《おも》うこと莫かれ。一茎草《いっきようそう》を拈《ねん》じて宝王刹《ほうおうせつ》を建て、一微《いちみ》塵《じん》に入りて、大法輪《だいほうりん》を転ぜよ。

現代語訳

すべて食事の材料とする品物をととのえ見分けるに当たっては、凡夫の眼で見てはならない、凡夫の心で考えてはならない。一本の草を手に取って仏法寺院の伽藍を建て、一微塵の中に入って仏の大説法をなせ。

解説

典座職たる者は、食物を調弁するに当たって、凡眼や凡情で品物に対してはならぬ、というのである。凡眼・凡情というのは、凡夫の眼・凡夫の心情をいうから、食物を扱うに当たっては、仏陀の眼・仏陀の心で対せよ、ということである。凡夫は差別の眼で見、仏陀は平等の眼で見る。差別の中心に自我がある。自我を中心にするから、自我と非我とが対立し、そこに、惜しい・欲しい・憎い・可愛いという煩悩・妄想が起きる。そこから、ものをえりきらいする心が生じてくる。そこを、古人は「至道無難《しいどうむなん》、唯嫌揀択《ゆいけんけんじゃく》」（『信心銘』）とうたわれた。無上の大道はなんのむずかしいこともない、ただえりきらいを嫌うだけだ、というのである。釈尊は、「一切衆生《いっさいしゅじょう》、悉有仏性《しつうぶっしょう》、草木国土《そうもくこくど》、悉皆成仏《しつかいじょうぶつ》」と教えられた。すべてのものに仏陀としての本性があり、草木も国土もみな仏と成る、というのである。仏陀すなわち悟った人とは、差別の底に平等の世界が存することを知った者のことである。

すべての品物が、即今《いま》・此処《ここ》・自己と区別はできるが、切り離すことのできないもの、仏性《ぶっしょう》すなわち〝仏陀としての本性〟をもつもの、と悟る。だから、仏に成るというより、仏そのものである。そうした悟りの眼で見、仏の心で思うなら、食物の材料たる品物に揀択すなわちえりきらいの心で対することなどできない。すべての品物を仏の生命《いのち》と見る者であってこそ、はじめて真に典座の役目が勤まる、というべきである。

その時はじめて「一茎草を拈じて宝王刹《ほうおうせつ》を建て、一微塵に入りて、大法輪を転ずる禅者の神秘を行ずることもできる、というものである。これには次のような話がある。


世尊《せそん》、衆《しゅ》と行く次《おり》、手を以《も》って地を指して云く、「此《こ》の処、宜《よろ》しく梵刹《ぼんせつ》を建つべし」。帝釈《たいしゃく》、一茎草《いっきょうそう》を将《も》って地上に挿《さしはさ》んで云く、「梵刹を建て竟《おわ》んぬ」。世尊、微笑したもう。（『従容録《しょうようろく》』第四則）

釈尊が弟子の大衆と歩いておられた折に、手で地を指さして言われた、「ここに寺院を建てるがよい」

そのとき大衆の中に帝釈天がいて、一本の草を地にさし込んで言った、「寺院を建て終りました」

世尊は微笑された。

「梵刹」というのは〝清浄な寺院〟の意である。お寺の伽藍を金殿玉楼に限ると思ってはならない。一椀の吸い物でも一皿の煮物《にもの》でも、心をこめて他のために料理してさし出すとき、その人は立派な仏のお寺を建てたことになる。帝釈天は、いや道元は、そう言いたいのである。

そのとき、料理人が一言も口をきかないでも、彼はその一椀の吸い物、一皿の煮物でもって、立派に仏として説法している、というのである。「大法輪を転ずる」というのは、戦車の車輪がすべてをくだくように、仏の説法は凡夫の煩悩・妄想をうちくだくところから、〝仏の説法〟のことをいうのである。

料理人は、料理することで仏の行《ぎょう》を行じ、仏の説法を説法するのである。料理人は毎日毎日こうした功徳を積んでいる。こんな恵まれた職業が他にあるであろうか。すべての料理人にこのことを自覚してもらいたい、こう道元は主張するのである。

〔一五〕物を逐うな

謂《いわ》ゆる、縦《たと》い莆《ふ》菜羹《さいこう》を作るの時も、嫌厭軽忽《けんえんきょうこつ》の心を生ずべからず。縦い頭乳羹《ずにゅうこう》を作るの時も、喜躍歓悦《きやくかんえつ》の心を生ずべからず。既《すで》に耽著《たんじゃく》なければ、何《なん》ぞ悪意《おい》あらん。然《しか》れば則ち、麤《そ》に向うと雖《いえど》も全く怠慢なく、細《さい》に逢《あ》うと雖も弥《いよ》いよ精進《しょうじん》あれ。切に物を逐《お》うて心を変ずること莫かれ。人に順《したが》いて詞《ことば》を改むるは、是れ道人に非《あら》ざるなり。

現代語訳

たとえ粗末な菜っ葉汁を作る時も、いやがったり軽くおろそかに思ったりする心を生じてはならぬ。また上等の牛乳入り料理を作る時も、喜び嬉しがる心を起こしてはならない。道人として物に執着する心がない以上、どうして物を悪《にく》む心があろうか。だから、粗末な材料に対する時でも全く怠慢の心なく、また上等の材料に対する時にはますます努力すべきである。品物について廻って心を変えてはならない。物について廻って心を変えるのは、相手の人によって言葉を改めるのと同じことで、そんな人は道人ではない。

解説

「莆菜羹《ふさいこう》」というのは、〝菜っ葉汁のような粗末な野菜料理〟のことで、これに対して「頭乳羹《ずにゆうこう》」というのは、〝牛乳で作った上等の料理〟をいう。「羹」というのは、「あつもの」ともいわれる〝吸い物〟のことをいう。

軽い食事を作る時も大切な正式の食事を作る時も、料理人の心入れは変わってはならない。人情としては莆菜羹を作る時にはともすれば嫌厭軽忽の心が生じ、頭乳羹を作ろうとすれば喜躍歓悦の心が起こるのがふつうである。しかしそれでは、道人すなわち道心ある者とは言えない。道人には物に耽着する心があってはならないからである。道人として物に執着する念がないからには、どんな物に対しても、それを悪《にく》み忌《い》む思いなどあろうはずがない、と道元はいうのである。だから、粗末な食事を作る時も全く怠慢なく、上等の食事を作る時はいよいよ努力せよ。決して物を逐うて心を変ずるな。物を逐うて心を変ずるのは、人によって言葉を改めるのと同じことで、道人のすることではない、というのである（「人に順いて」云々の一文が、上文と続きが悪いので、しばらくこのように語を補って解した）。

「物を逐う」ということについて、こんな話がある。

鏡清《きようしよう》和尚は、ある日、ドアの外で雨だれの音がするのを聞いて、弟子に問われた。

鏡清、「門外《もんげ》、什麽《なん》の声ぞ」

僧、「雨滴声《うてきせい》」

鏡清、「衆生、顚倒《てんどう》して、己れに迷うて物を逐《お》う」（『碧巌録《へきがんろく》』第四六則）

「ドアの外で音がするのは何の音か」「雨だれの音です」「気の毒に、衆生は考え方が逆立ちしていて、自己を見失って外に物ばかり追っかけている」というのである。

「仏教」とは〝仏陀の説かれた教え〟であり、我々めいめいが〝仏陀に成る教え〟

である。「仏陀」とは何か。それは〝真実の自己・本来の自己に覚《めざ》めた人〟をいう。だから、仏教は「真人」の自覚の道である。それなのに、その肝心の自己を見失って外に物を追っかけていては、どうにもならない。そこでいわゆる白汗一回《はっかんいっかい》、全身汗《あせ》びっしょりになって悟り体験をもたねばならない。

こんな話がある。

白雲守端《はくうんしゅたん》禅師、衆に示して云く、「もし端的に一回汗《あせ》出づる事を得《え》来たらば、便《すなわ》ち一茎草《いっきょうそう》の上に向かって瓊楼《けいろう》玉殿を現わさん。もし未《いま》だ端的に一回汗出づることを得来たらずんば、たとい瓊楼玉殿あるも、却って一茎草に蓋却せられん。作麽《そも》生《さん》か汗出づることを得ん」

白雲守端禅師は、あるとき門下の大衆に教えて言われた、「君たちがもし自分自身正しくはっきりと一度全身に汗をかく体験を得たら、ただちに一本の草の上に金殿玉楼を現ずるであろう。だが、まだその体験がないなら、たとえ金殿玉楼があっても、逆に一本の草に蓋《おお》われてしまうであろう。さあ、どう端的に一回汗をかく体験をするか」

これは先に引用した世尊と帝釈天の「一茎草を将って梵刹を建てる」という話に因《ちな》んでの問答であろう。人間一度、白汗一回して衆生心から仏心へと回心《えしん》する体験がないと、何もできぬ。一椀の吸い物・一皿の煮物という「一茎草」の上に、瓊楼玉殿という「梵刹」を建立《こんりゆう》する料理人だって、そのことは全く変わらない。さあ、皆さんどう「端的に一回汗出づる」悟り体験を経験するか。

悟り体験などというと、大変むずかしいことのようだが、実は何もむずかしいことではない。外に「物を逐わ」ないで、要は自己に取って返すことである。

臨済《りんざい》は師の黄檗《おうばく》に対して「黄檗の仏法多子《たし》なし」と言った。〝仏法なんて造作もないことだ〟というのだ。また、「赤肉団上《しやくにくだんじよう》に一無位の真人《しんにん》あり、常に汝ら諸人の面門より出入《しゆつにゆう》す。未だ証拠せざる者は看《み》よ看よ」とも言った。この肉体のなかに一人の真人がいる。その真人をまだ自覚体認しない者は、心眼を開いて見よ見よ、というのである。

仏教では「衆生、本来、仏なり」という、この「本来の自己」(真人)を自覚するために、何としても端的に一回全身に汗する修行が必要なのである。迷っている衆生が悟った仏陀になると考えるから、むずかしいことのように思う。だが、そうではない。ただ自己の本来の面目に覚《めざ》めるだけのことである。衆生が仏としての自己の本性に覚めるだけのことなのだから、何もむずかしいことではない。しかし、その無難の至道に覚めるには、やはり白汗一回全身に汗する修行が何としても必要なのである。

〔一六〕一茎菜《いっきょうさい》と丈六身

志を励《はげま》して至心《ししん》に、庶幾《こいねが》わくは浄潔《じょうけつ》なること古人に勝《まさ》り、審細《しんさい》なること先老に超えんことを。其《そ》の運心道用《うんしんどうよう》の体《てい》たらくは、古先《こせん》は縦《たと》い三銭を得て、莆菜羹《ふさいこう》を作るとも、今吾《わ》れ同じく三銭を得て、頭乳羹《ずにゅうこう》を作らんと。此《こ》の事《じ》為《な》し難《がた》し。所以《ゆえ》は何《いか》ん。今古殊劣《しゅれつ》にして、天地懸隔《けんかく》なればなり。豈《あ》に肩《かた》を斉《ひと》しくすることを得るものならんや。然《しか》れども審細《しんさい》に弁肯《べんこう》する時は、古先を下視《あし》するの理《ことわり》、定《かな》らず之《こ》れ有ること有り。此《こ》の理必ず然かなるすら、猶《な》お未だ明了《あきらか》ならず。卒《つい》に思議紛飛《しぎふんぴ》して、其《そ》の野鳥の如く、情念奔馳《ほんち》して、林猿《りんえん》に同じければなり。若《も》し彼《か》の猿鳥をして、一旦退歩返照《いったんたいほへんしょう》せしめば、自然《じねん》に打成一片《たじょういっぺん》ならん。是れ乃《すなわ》ち物の所転《しょてん》を被《こうむ》るも、能《よ》く其《そ》の物を転ずるの手段なり。此の如《かくごと》く調和浄潔にして、一眼両眼を失すること勿《な》かれ。一茎菜《いっきょうさい》を拈《ねん》じて丈六身《じょうろくしん》と作《な》し、丈六身を請《しょう》じて一茎菜と作す。神通《じんずう》及び変化《へんげ》、仏事及び利生《りしょう》するものなり。

現代語訳

志を励まして、真心をもって、願わくは、清浄ならんこと古人尊者にまさり、細やかな心づかいにおいて先輩老宿がたを超えることを、念ずべきである。その心の運び方、道の働きぶりは、古人先徳が、かりに三銭の費用で菜っ葉汁を作られたら、自分は今おなじ三銭で上等な牛乳入りのご馳走を作ろうと心がくべきである。

このことはなかなかむずかしいことである。そのわけは、今と昔とは違っていて、天地ほどの差があるからである。古人と肩を並べることなんて、出来ようはずがない。

けれども、心をくだいて工夫する時は、古人先徳を下に見くだす道理が必ずある。この道理が必ずそうであるということさえ、まだ明らかではない。それは、分別妄想の乱れ飛ぶこと野鳥のごとく、煩悩の情念の走り廻ること林の猿のようであるからである。

もしその心猿念鳥を一度自己内心に取って返して反省したら、自然に物と我と一つになる。これこそ、物にひき廻されても、よく本来の自己に取って返して、逆に物を支配していくという手段なのだ。このように、物と自己と調和して清浄になり、一隻眼《いっせきげん》という心眼《しんがん》と、二つの肉眼《にくがん》とを失ってはならない。これが、趙州《じょうしゅう》和尚のいう「一本の草を取り上げて一丈六尺の仏身となし、一丈六尺の仏身を招いてきて一本の草とする」ということである。これが仏法の神通力であり、物を変化させる仏の不思議な働きであり、仏事供養であり、衆生利益《りやく》の働きである。

解説

料理人たる者は、古人を超えようと願うべきだ。その心がけは古人が三銭で何かを作ったら、自分はその同じ三銭でよりよいものを作ろうと思うことだ。しかし、それはむずかしい。しかし、よくよく工夫すれば古人を見くだす道理が必ずある。「後生畏るべし」という。後輩は先輩のなすところを見て、その長を取り短を捨てることが可能だからだ。この道理がまだ明らかでないのは、野鳥・林猿のような衆生心で、あれこれ思いはからうからだ。そこで一回、回光《えこう》返照して、本来の仏とし

ての自己に取って返せば、自然に物我《もつが》一如《いちにょ》の境に入り、何物をも自己の生命として、、、、、
えりきらいなく生かしぬくことができる。そうしてこそ、物にひきずり廻されずに、
仏眼によってそのものそれを生かして料理することができる。物を生かして真人が生きる、という料理道がここに完成する。そこに、趙州和尚の言うように、「老僧《わたし》は一枝草を丈六の金身となして用い、丈六金身を一枝草となして用う」という境地がある。

ここに興味深い話がある。

南泉和尚にある僧が尋ねた、「老師は亡くなられたら、どこに行かれますか」
南泉、「一匹の水牯牛《すいこぎゅう》になろう」
僧、「私も老師とごいっしょに水牯牛になれましょうか」
南泉、「君がもし、私といっしょにくるなら、一本の草を口にくわえてこいよ」

南泉は、死んだら門前の庄屋どのの家に一匹の水牯牛になって生まれる、と言った。鈴木大拙先生はよく「極楽は行ききりにする所ではない。往《い》ったらすぐに還《かえ》っ

てきて、娑婆《しゃば》で苦しんでいる衆生の苦しみに代わるのだ」と言われた。南泉が水牯牛になるというのも、また同じ心であろう。

この心を見て取った僧が、私も「涅槃《ねはん》に住《とど》まらず」に老師とともに「願生《がんしょう》」したいと言った。悟った者は、生死《しょうじ》を解脱《げだつ》したから、自分の業《ごう》による生死は繰り返さない。だから、もう二度とこの娑婆には生まれて来ない。しかし、それでは娑婆で苦しんでいる衆生を救えない。そこで仏《ほとけ》の地位を降りて菩薩《ぼさつ》として、「利生《りしょう》」（衆生利益）の「願」によって、ふたたび娑婆に生まれてくる。

「そうか、君も私といっしょに願生してくれるか。それなら一枝草を口にふくんでこいよ」、南泉はこう言うのである。

「一枝草」とは何か？

趙州がまだ師の南泉の禅院にいたとき、ある日、南泉が一匹の水牯牛を引いて僧堂の中に入ってきた。そして禅堂内をぐるりと牛を引いて廻った。第一座《だいいちざ》和尚が牛の背を三度打った。すると、南泉はそのまま出て行った。その後で趙州が一束の草をもってきて、第一座の前に置いた。第一座は何も対《こた》えられなかった。

禅僧なんて奇妙なまねばかりする、と思わないでほしい。何十人もの修行者が自給自足の生活をしていた禅院では、水牯牛は彼らの生活の友であった。その牛を坐禅堂の中で引き廻して、南泉は何を言おうとするのか。首座《しゅそ》が牛の背を三拍すると、南泉は、それでやめてしまった。一本の草を地にさして「梵刹を建て終った」と言った帝釈天を嘉納した釈尊のように、南泉は首座の働きを認めたのか。しかし、高弟の趙州は首座の未熟さを見逃さなかった。黙って首座の前に一束の草を置いた。果然、それに対して首座は処置なしであった。

こう解説しても、やはり禅僧は何でそんな奇矯なふるまいをするのか、と疑問に思われるだろう。

では、こう言ったらどうか。

あなたは料理人である。今朝、料理場に入ると、シェフが黙って牛のひれ肉を示した。あなたは、これに対してどうするか。首座のように「対《こた》えなし」では困る。何とか世尊をして微笑させた帝釈天のように、料理人として見事に「一片の肉」をもって「梵刹」を建立してもらいたいものである。

もう少し「水牯牛」の話を紹介しよう。

潙山《いさん》和尚は門下の僧たちに垂示《すいじ》（教えを垂れること）して言った、「私は百年の後は山の下の檀越《だんのつ》の家に一頭の水牯牛になって生まれ変わる。そのとき左の脇の下に『潙山僧、某甲《なにがし》』という五字を書いておく。そのとき、もしこれを喚《よ》んで『潙山の僧』だと言ったら、『それは水牯牛だ』と言う。『水牯牛』と喚んだら、重ねて『潙山の僧、某甲だ』と言おう。まあ、言うてみよ。何と喚んだらよいか」

それを聞いて、高弟の仰山《きょうざん》が前に出て礼拝して去った。

潙山が死んだ後に山下の檀越の家に牛に生まれ変わってくるというのは、自己の業《ごう》（行為）の報いで畜生に生まれるというのではない。そういう「業生《ごっしょう》」からは彼はすでに解脱している。しかし、衆生済度のために「願生《がんしょう》」するというのである。

それはよいが、その後にしちめんどうなことを言い出した。生まれ変わったら左の脇の下に「潙山僧、某甲」という五字を書いておく。そのとき人がこれを潙山だと呼んだら、いや水牯牛だと言うし、水牯牛だと呼んだら、名前が書いてあるから潙山だと言う。いったい何と呼んだらよいか、というのである。

高弟の仰山は進み出て「ご垂示ありがとうございました」と礼拝して去ったが、我々は何と呼んだら潙山の意にかなうのか。

次の話は、何らかこの公案のヒントにならないだろうか。

雪峰和尚は弟子たちに訊《き》いた、「この牛は年は幾つか」

弟子たちは答えられずに黙っていた。

雪峰は「年は七十九だ」と、自分の年を答えた。

禅者は常に、即今《いま》・此処《ここ》・自己を離れてものを見るということはない。水牯牛も、自分と区別はできるが切り離せない「自他不二《じたふに》」のものと見る。それで、水牯牛の年が自分の年になる。

そのとき弟子の一人が問うた、「老師はなんで水牯牛などという畜生になるんですか」

雪峰は言った、「牛になって何が悪いか」

潙山は、またある日、弟子の仰山と香厳《きょうげん》が餅《もち》を作るのを見て言った、「昔、亡くなった師匠の百丈《ひゃくじょう》禅師が親しくこの道理を得ておられた」

この道理とは何のことか。餅の作り方のことか、それとも料理の仕方のことか。

仰山と香厳とは互いに目を見あわせて言った、「誰がこんな話に答えられようか」

潙山は水牯牛を指さして言った、「言え、言え」

仰山は一束の草を取ってきた。香厳は一桶の水を持ってきて、牛の前に置いた。牛が草を食べ水を飲みはじめると、すぐに潙山は言った、「そうだ、そうだ。

そうではない、そうではない」

二人はいずれも礼をした。

潙山は言った、「ある時は明（そうだ、そうだ）で、ある時は暗（そうではない、そうではない）だ」

〔一七〕参禅を怠ること勿かれ

已《すで》に調《ととの》えて調え了《おわ》り、已に弁じて弁じ得れば、那辺《なへん》を看《み》て這辺《しやへん》に安《お》き、鼓《く》を鳴らし鐘《しょう》を鳴らす。衆《しゅ》に随い参《さん》に随って、朝暮請参《しょうさん》して、一も虧闕《きけつ》すること無《な》かれ。

現代語訳

すでに食事を調理し、すべて調理し終ったならば、あそこを見て、ここに置き、ここを見て、あそこに置き、場所をよく見て、置くべき物を置くべき場所に置く。それから、食事の合図の太鼓を鳴らし鐘を鳴らす。

大衆《だいしゅ》に随い、参禅の定めに随って、朝参暮請《ぼしょう》して、朝夕の参禅は、一度たりとも欠かしてはならない。

解説

「那辺」は〝あそこ〟、「這辺」は〝ここ〟の意を表わす当時の俗語。「朝暮請参」は、ふつうには「朝参暮請」といい、朝に夕に師家《しけ》の室に入って問答して道を究めること。

食事の仕度がすっかり調ったら、それらを置くべき場所に安置し、それから大衆に食事の合図の鐘鼓を鳴らす。これで、一応典座の仕事はひとくぎり済んだことになる。

しかし、典座は料理を作るのが役目とはいっても、それだけでよいということではない。いかに食事を調理することがそのまま仏作《ぶつさ》仏行《ぶつぎょう》だといっても、肝心のその仏心を本当に養うためには、常に師に参禅して禅心を練ることが必要である。典座の仕事がどんなに忙しいからといって、朝夕の参禅を怠ってはならない。参禅の定めの時は一度も欠かさずに入室すべきである。

「参」というのは〝交わる〟という意から、住持が門下の大衆を集めて説法し、または問答商量（問答して道を究めること）する集会をいう。法堂《はっとう》における集まりで、朝に暮にまた非時に師に参ずるほかに、方丈（師の居室）に入って、すなわち「入《にっ》室《しつ》」して問答する。これはふつうには、独りで師の室に入って密室で師弟一対一で問答するので「独参」ともいわれる。

太陽の堅和尚は、霊泉禅院を訪ねて入室した。

霊泉は尋ねた、「どこから来たか」

太陽は答えた、「僧堂から来ました」

霊泉、「君はどうして露柱にぶつからなかったのだ」

太陽はその言下に悟った。

首相の富弼《ふひつ》は、南院禅師が法堂に出て四方を顧みられるさまが、まるで象の王が廻り歩くようであるのを見て何か感得することがあった。そこで方丈に行って、侍僧に入室したいと願った。南院は、それを見て、すぐに言った、「首相はすでに入室された。富弼はまだ外にいる」

富弼はそれを聞いて、汗が背中じゅうに流れる思いをしたが、そのとき、即座に大悟した。

こんな話を見ると、中国でも、僧堂で生活している雲水が、師の方丈に問答のために独参入室したことが分かる。単に雲水だけでなく、俗人――総理大臣のような身分の者も禅僧の偉容に打たれて入室した。

こうした独参のほかに、道元禅師は諸方の禅院でとは全く違った、天童山での如浄禅師独自の入室の仕方について、次のような感銘深い一文を伝えている。私はここはどうしても道元の原文のままで味わっていただきたいと思うので、長文をいとわず、まず原文を引き、さらに一般の方々の理解の助けにという配慮から、私のまずい口語訳を付しておきたい。

先師天童古仏、ある夜間に、方丈にして普説《ふせつ》するに云《いわ》く、「天童今夜有牛児、黄面瞿曇拈実相、要買那堪無定価、一声杜宇孤雲上」（天童今夜牛児《ぎゆうじ》あり、黄面《おうめん》の瞿《ぐ》曇《どん》実相《じつそう》を拈《ねん》ず。買わんと要《ほっ》するに那《なん》ぞ定価なきに堪《た》えん、一声の杜宇《とう》孤雲の上）

かくのごとくあれば、尊宿の仏道に長ぜるは、実相をいう。仏法を知らず、仏道の参学なきは、実相を言わざるなり。

この道取は、大宋宝慶二年丙戌《へいじゅつ》春三月のころ、夜間やや四更《しこう》になりなんとするに、上方に鼓声三下《くせいさんげ》きこゆ。坐具をとり、搭袈裟《たっけさ》して、雲堂の前門より出ずれば、入室牌《にっしつはい》かかれり。まず衆《しゅ》にしたごうて法堂《はっとう》上にいたる。法堂の西壁をへて、寂光堂の西階をのぼる。寂光堂の西壁の前をすぎて、大光明蔵《みょうぞう》の西階をのぼる。大光明蔵は方丈なり。西の屛風の南より、香台のほとりにいたりて焼香《しょうこう》礼拝す。入室このところに雁列《がんれつ》すべしと思うに、一僧もみえず。妙高台は下簾《あれん》せり。ほのかに堂頭《どうちょう》大和尚の法音きこゆ。ときに西川《せいせん》の祖坤維那《そこんいの》きたりて、おなじく焼香礼拝しおわりて、妙高台をひそかにのぞめば、満衆たちかさなり、東辺・西辺をいわず。

ときに普説あり、ひそかに衆のうしろにいり、たちて聴取す。大梅の法常禅師住山の因縁、挙《こ》せらる。衣荷食松《えかじきしょう》（荷《はす》を衣《き》、松《まつ》を食《くら》う）のところに、衆家おおく涙をながす。霊山《りょうぜん》釈迦牟尼仏の安居《あんご》の因縁、くわしく挙せらる。聞くもの涙をながす多し。「天童山安居《あんご》ちかきにあり、如今春間《にょこんしゅんかん》、不寒不熱、好坐禅時節也。兄《ひん》弟《でい》如何不坐禅（如今春間、寒《さむ》からず熱《あつ》からず、好坐禅の時節なり。兄弟、如何《いかん》が坐禅せざる？）」

かくのごとく普説して、いまの頌《じゅ》あり。頌おわりて右手にて、禅椅《ぜんい》の右のほとりを打つこと一下《いちげ》して云く、「入室すべし」。入室話に曰《いわ》く、「杜鵑啼山竹裂（杜《と》鵑啼《けんな》く山竹裂《さんちくさ》く）」。かくのごとく入室語あり、別の話《わ》なし。衆家おおしといえども下語《あぎょ》せず、ただ惶恐《こうきょう》せるのみなり。

この入室の儀は、諸方にいまだあらず、ただ先師天童古仏のみ、この儀を儀せり、普説の時節は、椅子屏風を周匝《しゅうそう》して、大衆雲立《うんりゅう》せり。そのままにて雲立しながら、便宜の僧家より入室すれば、入室おわりぬる人は、例のごとく方丈門を出でぬ。残れる人は、ただもとのごとく立てれば、入室する人の威儀進止、ならびに堂頭和尚《どうちょう》の容儀、および入室話、ともにみな見聞するなり。この儀いまだ他那裏《たなり》の諸方にあらず、他長老は儀不得なるべし。他時の入室には、人よりはさきに入室せんとす、この入室には、人よりものちに入室せんとす。この人心道別、忘れざるべし。

それよりこの方《かた》、日本寛元元年癸卯《きぼう》にいたるに、始終《しじゅう》一十八年、すみやかに風光のなかにすぎぬ。天童よりこの山にいたるに、いくそばくの山水をおぼえざれども、美言奇句の実相なる、身心骨髄に銘じきたれり。かのときの普説入室は、衆家おおく忘れがたしとおもえり。この夜は微月わずかに楼閣よりもりきたり、杜鵑しきりになくといえども、静閑の夜なりき。（『正法眼蔵』「諸法実相」）

先師天童如浄禅師は、ある夜、方丈《ほうじょう》で雲水僧に向かって、偈頌《げじゅ》（宗旨のこめられた漢詩）でもって説法して言われた、「天童山に今夜牛が一頭いる。釈尊はかつてこれを〈諸法実相〉といって取り出された。この牛を買いたいと思うのだが、この牛にはきまった値がない。それでは買おうにも買えないではないか。諸君、ひとつ、この実相である牛に値をつけてみよ。諸君がもし言うことができないならば、私が代わって値をつけてみせようか。孤雲の上の杜宇《ほととぎす》の一声、テッペン カケタカ！」このように、尊宿《そんしゅく》（すぐれた禅僧）方《がた》は、「実相」について語られる。仏法を知らず、仏道を参学しない者は、「実相」について語らない。

この言葉は——大宋国の年号で、宝慶二年丙戌《ひのえいぬ》、春三月の頃、夜も更《ふ》けて、まもなく午前二時にもなろうとするとき、上方で太鼓《たいこ》の音が三声聞こえた。そこで坐具《ざぐ》（礼拝のときに使う敷物、たたんで右手にかけて持つ）を取り、袈裟《けさ》をかけて、禅堂の前門から出ると、入室《にっしつ》の合図の札がかかっていた。まず大衆《だいしゅ》（雲水たち）に従って、法堂《はっとう》（説法のための建物）の方へ行く。法堂の西壁をへて、寂光堂の西の階段を昇る。寂光堂の西壁の前を通って、大光明蔵の西の階段を昇る。大光明蔵は方丈の名である。西の屛風の南から、香台のそばに行って、香を焚いて礼拝する。入室だから、ここに、大衆が雁《がん》のように並んでいるはずだと思うのに、ひとりの僧も見えない。妙高台は簾《すだれ》が下《お》ろされている。簾を通して、ほのかに師家《しけ》如浄禅師のしわぶきが聞こえる。時に西川《せいせん》出身の祖坤《そこん》という維那《いの》（僧堂の紀綱をつかさどる役位）が来て、同じように焼香礼拝した。そののち、妙高台をひそかにのぞむと、大衆がいっぱい、東辺といわず、西辺といわず、立ち重なっている。

時に禅師の説法があった。そっと大衆の後に入って、立って聴聞する。法常禅師の大梅山住山の因縁を話される。蓮《はす》の葉を綴《つづ》って着て、松の実を拾って食べる、という話のところで、感激した大衆が多く涙を流していた。ついで、霊鷲山《りようじゆせん》での、釈尊の安居《あんご》（雨季三カ月の禁足修行）の因縁を詳しく話される。聞く者は涙を流す者が多かった。そのとき、如浄禅師は「この天童山の安居も近い。今は春で、寒からず暑からず、坐禅の好時節である。兄弟たちよ、どうして坐禅に努めないのか」と言われた。

このように言って、先に述べた「天童今夜牛児有り」云々という偈頌《げじゅ》を述べられた。それを読み終って、右手で、坐っていられた椅子《いす》の右の端を、ひとつ打って、「入室せよ」と言われた。その入室の時に言われたのは、「杜鵑啼く、山竹裂く」という一語だけであった。このように、入室の語があって、他には何の話もなかった。そのとき、入室した大衆は多かったが、これに対して誰も語を下《くだ》さない。ただ恐れ入るばかりであった。

こうした入室のやり方は、諸方の道場にはまだない。ただ先師如浄禅師だけがこうした入室のやり方をされた。皆に説法されるときは、禅師の椅子や屏風の回りをかこんで、大衆が雲のように立っていた。そのままで、雲のように立ちながら、都合のよい僧から入室をすると、入室を終った人は例のように方丈の出口から出ていった。残った人は、ただもとのように立っているので、入室する人の威儀進退、ならびに師家老師の御様子および入室でのお話、ともにすべて、見聞きするのである。このような入室のやり方は、諸方の他のどこの道場にもない。他の師家方にはこうしたやり方は、おできにならないであろう。私は他のときの入室には、他人よりは先に入室しようとした。このときの入室には、他人よりも後に入室しようと思った。

人の心の同じでないことをきっと忘れないであろう。

その時から、日本の年号で寛元元年 癸卯《みずのとう》の今日に至るまで、始終十八年、時はすみやかに流れすぎた。天童山から、この山まで到るのに、どれほどの海や山を、遠く隔てているかわからないが、あの時の先師の美言奇句の「実相」であることは、身心骨髄に銘じて来ている。あのときの説法や入室は、私だけでなく、大衆も多く忘れがたかったように思えた。あの夜は、かすかな月が、わずかに楼閣《たかどの》からもれてきて、杜鵑《ほととぎす》がしきりに鳴いているとはいっても、静かな夜であった。


正師如浄を中心としての、天童禅院の修行生活のありさまが、一読さながら眼前に浮んでくるような名文である。その時から十八年、道元は北越入山後、感情のこもった文章で、あの日の体験を綴ったのである。

「杜鵑啼く、山竹裂く」の語について故唐木順三先生は、「『杜鵑啼いて、山竹裂く』と読んでは、因果となって気合がうすれる、『杜鵑啼く、山竹裂く』と読まなければならない。杜鵑は杜鵑で、一声裂帛《れっぱく》の勢いで啼く、山竹は山竹で裂けがたき硬質の性を裂く。それが期せずして合して、しかも当然というさまである」という名解説をされている。

なお、先生は、これを「相見相逢《しょうけんそうぶ》・相互《そうご》契合《かいごう》は、人と人、人と自然との間ばかりでなく、大地有情の相互においても起こる」として、「春は花をひく、花は春をひく」(「空華」)の語とともに紹介しておられるが、私はここで、この時の如浄にとって、また道元にとっては、「テッペン、カケタカ!」と一声裂帛の気合で啼いた杜鵑も、そして間髪を容れず、同時にそれと契合して「バリバリッ!」と裂けた山竹も、ともに天地一杯の自己(本来の自己)そのものであった、そこで自己自身が啼き、自己自身が裂けたのである(本証の妙修)と、そう読みたいと思う。

〔一八〕人数の確認

這裏《しゃり》に却来《きゃらい》して、直《た》だ須《すべか》らく目を閉《と》じ、堂裏《どうり》に幾員《いくいん》の単位、前資《ぜんし》・勤旧《ごんきゅう》・独寮等幾《いく》ばくの僧、延寿《えんじゅ》・安老《あんろう》・寮暇《りょうか》等の僧、幾箇《いくこ》の人か有り、旦過《たんが》に幾枚《いくまい》の雲水《うんすい》・庵裏《あんり》に多少の皮袋《ひたい》ぞと諦観すべし。此《かく》の如く参じ来り参じ去りて、如《も》し纖毫《せんごう》の疑猜《ぎぜい》有らば、他《か》の堂司《どうす》、及び諸寮の頭首《ちょうしゅ》・寮主・寮首座《りょうしゅそ》等に問え。

現代語訳

ここすなわち典座寮に帰って来たら、必ず目を閉じて、堂内の単（禅堂内の各自の席のこと）には何人いるか、先輩・久参・役寮は何人か、延寿堂（病室）の病僧や老僧寮の僧や旦過寮《たんがりょう》には何人の雲水がいるか、山内の小庵にはどれほどの人がいるかと、よくよく考えめぐらさねばならない。このようによく考えて、もしほんの少しでも疑いがあったら、あの維那《いの》や諸寮の頭首《ちょうしゅ》・寮主・寮首座《しゅそ》等の役位にたずねよ。

解説

参禅が終って這裏《しゃり》（〝ここ〟の意の俗語）すなわち典座寮に帰って来たら、目を閉じて一山（寺院全体）の人員が何人かを観じなければならない。典座にとって、この人員の確認は大切な仕事である。山内には寮舎が多い。まず堂裏（僧堂の内）の単位に何人いるか。次に、前資（前住職）や勤旧（老宿）や独寮（久参の士に与えられる独り部屋）等の僧は何人か。延寿堂（病室）や安老（七十歳以上の老宿の安息の寮舎）、寮暇《りょうか》（しばらく暇をもらって外出すること）の僧は何人か。旦過寮《たんが》（一晩だけ宿泊を許されて翌朝は必ず出立する者に与えられる寮室）には何人の雲水がいるか。また寺内の小庵には何人がいるか。

このように観じ来たり観じ去って、もし、少しでも疑点があったら、あの寺内総取締りの堂司（「堂司」はもと維那の居室をいったが、後には〝維那〟その人を言うようになった）、および諸寮の頭首（「六知事」すなわち〝都寺《つうす》・監寺《かんす》・副司《ふうす》・維那《いの》・典座《てんぞ》・

直歳《しっすい》〟の高位の役位の下に「六頭首」すなわち〝首座・書記・知蔵《ちぞう》・知客《しか》・知浴《ちよく》・知殿《ちでん》〟が置かれた）や寮主（各寮の主《あるじ》）、寮首座（各寮の第一座）等にたずねよ。

この人員の確認は大事な仕事である。山内の実数がはっきり把《つか》めなくては食事の仕度はできない。第一、食糧を計ることができない。食事をする人数を正確に知り、それに要する材料を算出する。これは、一般に料理にたずさわる者の何より先にまずなさねばならぬ大事な心づかいである。

〔一九〕一粒の米

疑《うたが》いを銷《しょう》し来たって便《すなわ》ち商量《しょうりょう》すらく、一粒米《いちりゅうべい》を喫《きつ》するに、一粒米を添《そ》え、一粒米を分《わ》かち得《う》れば、却《かえ》って両箇《りょうこ》の半粒米を得。三分四分《さんぶんしぶん》、一半両半《いっぱんりょうはん》なり。他の両箇の半粒米を添《そ》うれば、便ち一箇の一粒米と成《な》る。又た、九分《くぶん》を添《そ》うるに、剰《あま》り幾分と見、今九分を収めて他《かれ》幾分と見る。

現代語訳

人数を確認し、その疑いがなくなったら、すぐに配食の量について思量する。一粒の米を食べる者には、一粒の米を増し加える。また、一粒の米を半分にすることができれば、二個の半粒の米が得られる。あるいは一つを三つ四つにも分けることがある。半分にすれば二個になる、その二個の半粒の米を加え足すと、ただちに一個の一粒の米となる。また九分の一を加え足すと、余りは幾分となるかを見、いま九分の一を収めると、幾分残るかを考えるのである。

解説

山内のすべての人数が正確に把《つか》めて、人数に対する疑いがなくなったら、すぐに主食の米の量を計量する。一人前の米を食べる人がおれば、一人前の米をふやす。その人数が二人三人と増せば、それに応じて米の量をふやす。人数が半分になれば、米の量も半分にする。その時は半分にした二つのうち一つだけ使って、あとの半分は浮くことになる。三分の一ですむこともあり、四分の一のこともある。その時も、それぞれ人数の減った分だけ、米が少なくてすむことになる。一つの半分、二つの半分ということだが、その半分ずつのものを二つ加えると、ただちにもとの一つになる。また、九分の一にして、その九分の一を他のために増し加えたとすると、自分の手許の余りはどれだけになるか。いまかりにその九分の一の米を自分の手許に収めて他のために増し加えないとしたら、あの手許の米はどれだけになるか。こういうふうにして綿密に思い量ってみるべきである。

これは、いったい何のことか。道元は、その日の人数によって米の量を増減するという「数」の商量を通して、「法」すなわち仏法の真理そのものの工夫を教えているのである。だから、ここでいう「一粒米」は、ただ単に〝一粒の米〟という米の数量の話ではない。

白隠和尚の『毒語心経《どくごしんぎょう》』の中に、「三八九《さんぱつく》を明らめずんば、境に対して所思多し」という語がある。正受《しょうじゅ》庵に正受老人道鏡恵端《どうきょうえたん》禅師を訪ねた雲水は、老人に逢う前に正受老人の老母の李雪尼《りせつに》に、この一語を浴びせかけられて何の返答もできずに空しく立ち去る者が多かったという。だが実はこれには故事があって、中国にすでに前例があった。宋の白雲守端禅師が雲水行脚中に、瑞州の九峰院に方会《ほうえ》禅師を訪うたとき、あいにく師は不在で、その母が玄関に出て応接した。守端が「方会禅師は在院か」と問うと、老母は「不肖の子は鉄履を着けて作家《さっけ》の肚裏《ずり》に向かい七縦八横《しちじゅうはちおう》し了る」（不肖のせがれは鉄の履《くつ》をはいて、やりての和尚さまの肚《はら》のうちを自由自在に歩きまわる）と答えた。そこで守端が「会公《えこう》の老婆女子も亦《ま》た一隻眼《いっせきげん》を弄するか」（方会禅師の老婆もまた心眼が開けていて言句を弄《もてあそ》ぶのか）と言うと、老婆は「三八九を明らめずんば、境に対して所思多し」（三八九を明らかにしないと、環境に対して思い煩うことが多い）という一句をはいたというのである。

「三八九」を明らめることができないで、四の五の言っているうちは、ここでの道元の「一粒米」云々の拈弄《ねんろう》は読めない。まだこの「三八九」の公案が透《とお》らない人は、大死一番坐布団の上で一度死に切って新たに蘇《よみがえ》る体験が必要である。

〔二〇〕無相の自己

一粒《いちりゅう》の廬陵米《ろりょうべい》を喫得《きっとく》して、便《すなわ》ち潙山僧《いさんそう》を見、一粒の廬陵米を添得《てんとく》して、又《ま》た水牯《すいこ》牛《ぎゅう》を見る。水牯牛、潙山僧を喫《きっ》し、潙山僧、水牯牛を牧《ぼく》す。吾れ量得《りょうとく》すや未《いま》だしや。儞《なんじ》算得すや未だしや。撿《けん》し来たり点《てん》じ来たって、分明《ふんみょう》に分暁《ふんぎょう》し、機に臨みて便ち説き、人に対して即ち道《い》え。且《しばら》く愘《かく》のごとく功夫《くふう》すること、一如二如《いちによにによ》、二日三日、未だ暫《しばら》くも忘るべからざるなり。

現代語訳

一粒の廬陵産の米を食べては、ただちに潙山の僧を見、一粒の廬陵産の米を供給しては、また水牯牛を見る。水牯牛が潙山の僧を食べ、潙山の僧が水牯牛を牧《か》うのである。私は山内の人数と米量を量ることができたか。君はそれを算《かぞ》えることができたか。このことを、よくよく点検して、明らかにはっきりさせ、機に臨んで説き、人に向かって言いなさい。まあ、このように工夫すること、一真実二真実、二日三日と続けて、暫くも忘れてはいけない。

解説

この段の道元の言葉を理解するためには、次の二つの故事を知らなければならない。

ある僧が青原行思禅師《せいげんぎょうしぜんじ》に問うた、「如何なるか是れ仏法の大意」(仏法の大精神とは何ですか)。青原は答えた、「廬陵の米は作麼《いくばく》の価《あたい》ぞ」(廬陵の米はどれほどの価か)。

「廬陵米」は〝廬陵産の米〟の意で、中国の江西《こうせい》省廬陵道吉安県は地味が肥えて上等の米の産地であったという。仏法の真髄を尋ねられた青原は、「廬陵の米の値だんはいくらだ」と答えた。米の値だんと仏法の真髄と、どう関係するのか。料理人のあなたに、誰かが「仏法の本質は」と問うたとして、もしあなたが「神戸牛の値だんはいくらだ」と言ったとしたら、道元は微笑してあなたを「真の典座だ」と評価するであろう。米の値だん、肉の値だんと、仏法と別のものだと思うほうがおかしいのである。

平常心是れ道である、料理即禅である。

次の「潙山の水牯牛」の話は、すでに第一六段で紹介ずみである。そこでは現代語訳で引用して、わざと解説しないで、宿題としておいたが、解答のヒントはその時も述べておいた。ここでは訓読で原典を引用して、私の解説を加えておこう。

潙山《いさん》の祐《ゆう》禅師、衆《しゆ》に示して云く、「老僧百年の後、山下の檀越《だんのつ》の家に、一頭の水牯牛《すいこぎゆう》と作《な》らん。左脇下に五字を書して云く、『潙山僧、某甲《なにがし》』と。この時、もし喚《よ》んで潙山の僧と作《な》さば、又《ま》た是れ水牯牛。喚んで水牯牛と作さば、又た云く潙山の僧某甲と。且《しばら》く道《い》え、喚びて甚麼《なに》とか作さば即ち得てん」と。仰山《きようざん》出でて礼拝して去る。(『宗門葛藤集』第六十則)

潙山霊祐《いさんれいゆう》禅師は、あるとき弟子たちに言われた、「わしは死んだら、門前の檀家に一頭の水牯牛になって生まれる。そしてその左の脇の下に『潙山の僧、霊祐』（潙山僧某甲）という五文字を書いておく。この時お前たちは、この牛を何と呼ぶか？　もし潙山の僧と言えば、それは水牯牛だ。水牯牛と呼べば、それは潙山の僧霊祐だ。まあ、言うてみよ。いったい何と呼べばよいか」。そのとき弟子の仰山《きょうざん》がみんなの中から出て、おじぎをして出て行った。

こんな公案を課せられると、少々参禅の心得のある者なら、まず理屈なしに牛になりきって、四つんばいになって「モー」とやるだろう。事実それでよしとする師《し》家《け》もある。しかし真正《しんしょう》の師家なら、もちろんそんなことで許すはずはない。そこで次に、必ずや叉手《さしゅ》当胸でもして「潙山の僧某甲」とやる。まずここまではたいていやれるが、これもいかんと言われると、誰もが行きづまる。これからあとは、もうしどろもどろになって、入室《にっしつ》してはふられ、入室してはふられ、ということになる。こうして窮すれば窮するほど、修行者は自然に深い禅定へと心境が澄みきってゆく。ころあいを見て師家が一言、「脚下《きゃっか》を照顧《しょうこ》せよ」（または「回《え》光返照《こうへんしょう》」）とヒントを与える。これで、たいていはっと気がつく。これでも気づかぬようなら、まだこの公案を課する値うちのない学人《がくにん》（修行者）だった、ということになる。

皆さん、一つ試みに答えてみませんか。古人はここに語を著《つ》けて、「孔子名は丘《きゆう》、字《あざな》は仲尼《ちゆうじ》」と言った。これは何のことか。

禅の修行は常に「いま・ここ・自己」が問題である。これを忘れると、公案がよそごとになり、せっかくの参禅がむだごとに終る。だが、えてして公案となると、とかく我々は文字について廻って、その本来の眼目を見失う。牛などに引きずり廻されて「モーモー」はい廻っていては、この公案は見えぬ、潙山の真意は分からぬ。衆を出て礼拝してすっと出て行った仰山の行為もつかめない。仰山が礼拝して出で去る、そこに働く「無位の真人」、それは「だれ」か？　潙山が弟子たちに求めたのはほかならぬこのだれ（各自の「無位の真人」）の自覚ではなかったか。そこで、この公案の真味を体得すると、釈迦も達磨も、歴代の祖師も、すべてが自己と一なることを徹見することができる、と言われるのである。

「大燈国師は雲門《うんもん》の再来じゃというが、年を隔つること数百年、その間《かん》何をしていたぞ」という公案がある。中国唐代の雲門文偃《うんもんぶんえん》（八六四—九四九）とわが国南北朝の大燈国師宗峰妙超《しゅうほうみょうちょう》（一二八二―一三三七）と、「即今・此処・自己」のこの私の実存とどう関わるのか、そこが工夫の眼目である。無位の真人、無相の自己に目覚めれば、すべての有相すべての有位が、皆この無相の自己のある時である位であることに気づく。そうすれば、雲門が大燈となって再来するまでの三百年が、何時《いつ》のことか、そして雲門とは誰のことかが、自然に見えてくるであろう。

「一粒の廬陵米」とは何か。言うまでもなく「仏性《ぶっしょう》」であり「無位の真人」である。それを喫得し体得すれば、ただちに「潙山僧」すなわち自己自身の「本来の自己」を見る。「一粒の廬陵米」を加えれば、そこに「水牯牛」すなわち「無相の自己」を見る。そこでは、水牯牛が潙山僧を食べ、潙山僧が水牯牛を牧うのである。さあ、私はこの一粒米を量ることができたろうか。君はこうした半粒米を算えることができたろうか。よくよく点検して、はっきりと見究め、機に臨んで、そのみずから明らめ得たところを他人に対して説くべきである。まあ、このように工夫すること、一真実二真実、二日三日と相続して、しばらくも忘れてはいけない。――道元はあくまでも親切に、ここまで言葉を尽くして説く。

〔二一〕叢林の旧例

施主の院に入りて、財を捨《しゃ》し斎《さい》を設《もう》けば、亦《ま》た当《まさ》に諸《もろ》もろの知事《ちじ》一等《いっとう》に商量すべし。是《こ》れ叢林《そうりん》の旧例《きゅうれい》なり。回物《えもつ》俵散《ひょうさん》は同じく共に商量し、権《けん》を侵《おか》し、職《しょく》を乱すこと得ざれ。

現代語訳

布施してくださる方が寺に来て財産を喜捨して、雲水たちを特別に御馳走して供養してくださる時も、またいつもの食事の時と同様に、諸知事が同じく集まってその扱い方を相談しなければならない。これが叢林すなわち道場の旧《ふる》い慣例である。回向のために仏前に供えたものを雲水たちに分ける場合でも、同じように知事たちと相談する。独断で処置して、他の知事の権限を侵し、自己の職責を乱すようなことがあってはならない。

解説

「施主」というのは、〝布施の主《ぬし》〟の意である。「布施」は「六波羅蜜」の第一で、〝他人に何かを与え施す〟ことで、これに三つある。「財施《ざいせ》・法施《ほっせ》・無畏施《むいせ》」である。「財施」とは、〝財産をもつ者が自己の財物を他人に施す〟こと。「法施」とは、〝法すなわち真理の国に先に生まれた先生が、後生すなわち後から生まれる若者に、みずから体得した真理を施す〟こと。もと釈尊の教団では、在家は財施を出家は法施をして、互いに和合して僧伽《サンガ》を維持したのである。そして「無畏施」というのは、観世音菩薩が衆生に施す布施で、〝無畏すなわち畏《おそ》れなき心＝般若と大悲の心を与える〟最高の布施をいう。

　仏法の布施は「三輪空寂《さんりんくうじゃく》」の布施といわれて、施主と受者とその間に授受されるものが空寂でなければならない。我々はともすれば人に与えたことは、いつまでもこれを覚えていて恩に着せる。また反対に人から恩を受けたことは、せっかくの親切なのに無用に囚われていつまでも気にする。そして受けたものを生かしきれないで、あたら法財を汚してしまう。とても「三輪空寂」とはいかない。これは衆生の「布施」が、悟りの心の働きでないからである。単なる「布施」でなく「布施波羅蜜多」となる、布施が「般若」（悟りの智慧）の自発自展であってはじめて、「左の手のすることを右の手が知らない」無心の愛の実践となるのである。

「叢林」というのは、文字どおり〝草むらや林のように、何人かの人々が集まって、いもを洗うように互いに切磋琢磨する道場〟をいう。道元禅師は「不離叢林」（叢林を離れない）ということを、常にやかましく説かれた。仏法の修行は、叢林すなわち禅の道場を離れては本当には修行できない、というのである。禅師には、前にも引用したが、有名な左の語がある。

　仏道をならうというは、自己をならうなり。自己をならうというは、自己を忘るるなり。自己を忘るるというは、万法《まんぽう》に証せらるるなり。万法に証せらるるというは、自己の身心および他己の身心をして脱落せしむるなり。（『正法眼蔵』「現成公按」）

仏道を習うということは、自己を習うということである。自己を習うということは、自己を忘れることである。自己を忘れるということは、自己がすべてのものに実証されることである。すべてのものに実証されるということは、自己の身心と他己の身心を脱落させることである。

仏道は「己事《こじ》究明」（自己自身の一生の大事を究明すること）の道である。自己というものの真実の、本来のあり方を究明する道である。では、どう究明するのか。道元禅師は「自己をならう」ことだと言われる。習うためには、お手本が必要である。「習」の字は、ひな鳥が親鳥が天空高くはばたくのを見て、幼い羽根をパタパタさせて、自ら習うという字である。仏道も同じで、先仏の悟りと行持とを手本にして、後生がそれを学ぶ――まなぶ＝まねぶ＝ならうのである。それは、料理の道を習う場合でも、全く同じことであろう。叢林を離れては本当の修行ができない、と言われるのは、師匠や先輩のいる所すなわち自己が手本として学び習う仏法（料理道）が厳として行なわれている所でなければ、真の仏法（料理道）を習おうにも習いようがない、という意味である。

それでは自己を習う、本来の自己のあり方を、先覚を手本にしてみずから学ぶということは、どんなことか。それは自己を忘れることである、と禅師は言われる。一点でも吾我《エゴ》の念があっては、師や先輩の体得したものを学び習うことはできない。まず自己を忘れ、自我を否定するのである。師匠が「仏とはみみずのことだ」と言われたら、自我の分別を捨てて、それに従って「みみずを仏と思え」とまで、禅師は言われる。衆生が己れの自我を否定しきったところに、はじめて仏すなわち本来の自己が現われる。キリスト教でも、「自己が無になればなっただけ、神が来たってそこを満たす」と言われる。真実在の活動が最も純粋に持続されている時は、自己も物も全く意識されない。私たちの肉体でもそうで、胃が悪くなったとき、私たちははじめて胃を意識する。それと同じで、真実の自己が働いている時は、自己は忘れられている。これを「無心」とも「無我」とも、また「三昧《ざんまい》」ともいうのである。

「自己を忘れる」というのは、真実の自己が「万法」すなわち〝すべてのもの〟に実証されることだ、と禅師は言われる。釈尊が三昧境に入って、宇宙的な無意識状態におられたとき、ふと暁《あけ》の明星のまたたきが目に入った、その感覚が縁となって絶対無が爆発して本来の自己を直覚された。そういうふうに、「自己を忘れて」すなわち三昧に入って、なずなの花を見たとたんに、芭蕉は「万法（この際はなずな）に証せられて」真実の自己（〝物我一如・自他不二〟の自己）を自覚した。「よく見ればなづな花さく垣根かな」と詠じた芭蕉は、暁の明星を見た釈尊と同じように、仏法の真理を悟ったのである。芭蕉はそこで、万法に証せられて、「自己の身心を脱落」して「真人」となり、同じく「身心を脱落した他己」としてのなずなに「真如」を見たのである。

詩人白秋も、「ばらの木にばらの花さく何事の不思議なけれど」と歌った。禅ではよく「花は紅《くれない》、柳は緑」という。臨済も「仏法なんて造作もないことである」と言った。ただ明星を見、花を見るだけ、だがそこで「真人《しんにん》」を自覚して「真如《しんによ》」を見るのである。そして、「見るもの」と「見られるもの」とが一如である。そこではじめて「物我一如・自他不二」の「無相の自己」を自覚する。仏道の第一義はその「般若」にある。「見る」ただこの一語に、仏法の真理は尽きるのである。

ともあれ、仏道とはまず自己を忘れる修行である。私は私の指導する東京大学仏教青年会の禅会――これは青年学生だけでなく、一般の社会人男女にも公開された禅会で、現状は学生より一般人の方々のほうが多い――で常に言うことであるが、「坐禅は、精神修養でも、人格完成の道でもなく、自己の救いのためでさえない。それは自我否定の修行である、無我の実践である」。自己を空じて、自我をゼロにして、無我に徹したとき、「自己がなければ、不思議なことに、すべてが自己である」。そうした「物我一如・自他不二」という「無相の自己」の自覚こそが、禅の「悟り」である。

施主の供養を受けた時も、仏前に供えたものを大衆に分かつ時も、「諸知事とともに商量して、権を侵し、職を乱すことを得ざれ」という禅師の言葉は、「もし監《かん》院《にん》・直歳《しっすい》・庫主《くしゅ》の所管に係わるべきは、同じく共に商量せば即ち可なり。並びに須《すべか》らく権を侵し職を乱すべからず」という『禅苑清規』（巻三）を踏まえての発言であるが、ただそれだけのことではなく、「仏道をならうというは、自己をならうなり、自己をならうというは、自己を忘るるなり」という禅師の仏法の核心から読み直してこそ、はじめて真の理解に達すると言わなければならない。

〔二二〕僧食九拝《そうじききゅうはい》の礼

斎《さい》・粥如法《しゅくにょほう》に弁じ了《おわ》らば、案上に安置し、典座袈裟《けさ》を搭《か》け、坐具《ざぐ》を展《の》べ、先《ま》ず僧堂を望み、香《こう》を焚《た》き九拝《きゅうはい》し、拝し了って、乃《すなわ》ち食《じき》を発すべし。一日夜《いちにちや》を経《へ》て、斎《さい》・粥《しゅく》を調弁《ちょうべん》し、虚《むな》しく光陰《こういん》を度《わた》ること無《な》かれ。実《じつ》の排備《はいび》、挙動施為《こどうせい》有らば、自《おのずか》ら聖胎長養《しょうたいちょうよう》の業と成《な》らん。退歩翻身《たいほほんしん》せば、便《すなわ》ち是《こ》れ大衆《だいしゅ》安楽の道なり。

現代語訳

斎（昼食）と粥（朝食）とを如法（法のとおり）に調え終ったならば、飯台の上に置いて、典座は袈裟を搭《か》け、坐具を敷《し》いて、まず僧堂を望んで、香を焚《た》き、九拝の礼をする。その礼拝が終ったら、そこではじめて食物を僧堂に送り出すのである。典座はこうして昼夜にわたって、斎や粥を調理することに専念して、むだな時間をすごしてはならない。このように典座としての職務の一挙一動の行為に真実をこめるとき、自然に仏の種子を育てる行持となろう。一歩退きひるがえって自己に省みるなら、それこそがただちに大衆が安楽を得る大切な道なのである。

解説

雲水たちは僧堂で坐禅をし寝起きをするのであるが、食事も僧堂でする。ただし、別に食堂《じきどう》を設けて食事は食堂でする場合もある。「三黙堂《さんもくどう》」といって、禅堂と食堂と浴堂の三つの場所では、釈尊以来、聖なる沈黙を守る。一般の在家のように、お風呂に入ってよい気持ちで歌をうたうなどのことはなく、食事の際も一切沈黙で、互いに歓談しながら料理を楽しむということもない。禅の道場へ行くと、たくあんをかむ音一つたてても、厳しく叱られる。それで初めのうちは、かまずに飲み込む者もいる。しかし、これは決して単に作法をやかましく言うだけのことではない。たくあんをかむところで、「退歩翻身」せよという教えである。これをまた「回光《えこう》返照《へんしょう》」ともいう。我々の心は常に外の対象に向かって飛ぶ。それを自己に取って返す修行である。外に向かう光を内に回《めぐ》らし返して、「己事究明」せよということである。

禅寺の玄関には「照顧脚下」の札がある。これも、ただ履き物をそろえよ、というだけのことではない。履き物をぬぐところで、お風呂に入るところで、食事をしてたくあんをかむところで、自己に取って返して、「己事究明」せよ、ということである。

また、料理を作り終って「礼拝」するということについて、禅門では「僧食九拝《そうじききゅうはい》の礼」という。典座が威儀を正して、如法に食物に向かって最高の礼を行なってから、僧堂へ食物を送り出すのである。

道元禅師に、「知るべし、礼拝は正法眼蔵なり。……おおよそ礼拝の住世せるとき、仏法住世す。礼拝もし隠れぬれば、仏法滅するなり」(『正法眼蔵』「陀羅尼」)の語がある。礼拝の絶えない間は、仏法は絶えない、というのである。

それは何故か。礼拝は、五体投地《ごたいとうち》といって、このわが身をそっくり投げ出して行なう自己否定の行であるからである。「仏法は無我にて候」である。自我を空じて自己を無にすればするほど、そこに本来の自己が、すなわち仏が現われるのである。だから「礼拝」は決して自己の外に自己に対して立つ仏を拝むのではない。礼拝の行そのものが仏なのである。

こうして典座が如法に真実をもって一日中料理のことに専念して、むだに時間を過ごさず行動するならば、そのことが自然に仏としての自己を育てることになり、さらに一挙一動に退歩返照して典座の職を務めるとき、それがそのまま大衆の安楽の道となる。

料理を作る人の仕事はそれほど重いのである。

〔一三〕威儀即仏法の宗旨

而今《にこん》、我が日本国、仏法の名字《みょうじ》、聞き来たること已《すで》に久し。然《しか》而れども、「僧食《そうじき》如法作《にょほうさ》」の言《げん》、先人記《き》せず、先徳教えず。況《いわ》んや僧食九拝《そうじききゅうはい》の礼、未《いま》だ夢にも見ざらんぞ。国人謂《おも》えらく、僧食の事《じ》、僧家作食法《そうけさじきほう》の事は、宛《あたか》も禽獣《きんじゅう》の如しと。食法《じきほう》実に憐《あわ》れみを生ずべく、実に悲しみを生ずべし。如何《いかん》ぞや。

現代語訳

今日、わが日本国では、仏法の名を聞いてから、すでに久しい。それなのに、「僧侶の食べものを如法に作る」という言葉など、先人も書かないし、先徳も教えない。まして、作った僧食を典座みずから九拝の礼を行なって僧堂へ運ぶという作法など、夢にも見ることはなかった。わが国の人々は、僧の食べもののことや、僧侶の食事の作り方のことなどは、まるで鳥や獣《けもの》のすることのような、作法も何もないことだと思っている。それで食事の作法も、実に憐れをもよおし、誠に悲しまずにおれない。どうしたものであろうか。

解説

仏法が日本に渡来して、道元禅師の時代にいたるまで、七百年を経過しているのに、そして教理の研究や伽藍《がらん》の建立《こんりゅう》は大いに行なわれてきたのに、僧の食事の作り方、またそれを食べる作法は、全く知らない。その点、わが国の人々は、まだ禽獣の域を脱していない、と道元は嘆くのである。

道元禅師の「威儀即仏法・作法是れ宗旨」の教えによって、日本人は初めて中国禅林の食事作法（僧食の作り方・食べ方）を教えられたのである。そもそも「禅」によってはじめて孔子の「礼」が仏法のなかに生かされたのである。これをまた「平常心是れ道」ともいう。

道元は自分が初めてこうした中国禅林の作法に接した時の感激を、こう書いている。

禅堂で肩を並べている隣りの僧が、毎朝合図の板木が鳴るごとに、袈裟《けさ》をささげて頭の上において、合掌恭敬《くぎょう》して偈頌《げじゅ》を誦える。その偈は、「大哉解脱服《だいさいげだつぷく》、無相福田衣《むそうふくでんえ》。披奉如来教《ひぶにょらいきょう》、広度諸衆生《こうどしょしゅじょう》（大いなるかな解脱服、無相の福田衣よ。如来の教えを身につけて、広くもろもろの衆生を度《わた》さん）」というのであった。

道元は後年この時の感銘をこう書いている。

その時、私は今まで見たことのないものを見た思いがして、歓喜は身にあまり、感涙が知らぬ間に落ちて、衣の襟《えり》をぬらした。その趣旨は、以前日本にいた時に、『阿含経』を読んだ折に〈袈裟を頂戴する〉という文字を読んではいたが、その実際のやり方はまだはっきり知らなかった。いま、それを目《ま》のあたりに見て、歓喜し、そしてその時ひそかに心に決めた。〈ああ、嘆かわしいことだ。日本にいた時は、こうしたことを教える師匠もなく、勧めてくれる善友もなかった。無益に過ごした月日を惜しみもしなかったことは、思っても悲しまずにはいられないではないか。いま大宋国で見聞きするところは、前世の善因の報いというもので、喜ばずにはいられない。もし無益に日本に留まっていたら、まさしく仏衣《ぶつえ》を受け伝え、着用している僧宝の隣りに肩を並べて修行することがどうしてできたろう〉と。

こう思うと、悲しみ喜びがひとかたならず、感涙は千万行ととめどもなく流れた。その時に私は心ひそかに願《がん》を立てた。〈なんとかして、不肖の身であるが、仏法の正統の後継《あとつぎ》となり、正法《しょうぼう》を正伝して、故国日本の衆生たちに仏祖正伝の衣《え》法《ほう》を見聞きさせたいものである〉と。（『正法眼蔵』「袈裟功徳」）

それまでのわが国の人々は、インド人は鉢の中の食物を手づかみで食べるというような話を聞いて、僧侶の食事など禽獣の食べ方と少しも変わらぬくらいに思っていた。あるいは、道元自身もそうであったかも知れない。しかし中国禅林での体験で道元は、日常の「礼」（作法）のなかに生きる「般若」を見て、そこに「妙修する本証」に眼を開いた。その熱い思いが前記のような言葉となったのである。

〔二四〕他人は私ではない

山僧《さんぞう》、天童《てんどう》に在りし時の若《ごと》き、本府《ほんぷ》の用《よう》典座、職に充《み》てらる。予、因《ちな》みに斎罷《さいおわ》って、東廊を過《よ》ぎり、超然斎《ちょうねんさい》に赴くの路次《ろじ》、典座、仏殿の前に在《あ》って苔《きのこ》を晒《さら》す。手に竹杖《ちくじょう》を携《たずさ》え、頭《こうべ》に片笠《へんりゅう》なし。天日《てんじつ》熱し、地甎《ちせん》熱す。汗《あせ》流れ徘徊すれども、力を励まして苔を晒す。稍《や》や苦辛なるを見る。背骨《はいこつ》は弓の如く、尨眉《ほうび》は鶴に似たり。山僧近づき前《すす》みて、便《すなわ》ち典座の法寿《ほうじゅ》を問う。座云《いわ》く、「六十八歳」。山僧云く、「如何《いかん》ぞ行者人工《じゃにんく》を使わざる」。座云く、「他は是れ吾れに非ず」。山僧云く、「老人家《ろうにんけ》如法《にょほう》なり、天日且《か》つ恁《かく》のごとく熱す。如何ぞ恁《かくのごとく》地なる」。座云く、「更に何の時をか待たん」と。山僧便《すなわ》ち休す。廊《ろう》を歩む脚下、潜《ひそ》かに此の職の機要たることを覚《さと》れり。

現代語訳

道元は言う――私が天童山にいたとき、慶元府出身の用《よう》という修行僧が典座を命ぜられた。私がある日の斎座《さいざ》（昼食）が終って、東の廊下を通って超然斎《ちょうねんさい》という建物へ行く途中、用典座が仏殿の前で、椎茸を陽に干《ほ》していた。手には竹の杖をもち、頭には一片の笠もかぶっていない。時に陽ざしは強く、敷瓦《しきがわら》が焼けるようであった。汗が流れてしたたり落ちるのに、精《せい》を出して一所懸命に椎茸を干している。少々苦しそうだ。背骨は弓のように曲がり、大きな眉は鶴のように真白だ。私はそれを見て近づいて、典座のお年を尋ねた。

典座、「六十八歳になる」

道元、「どうして行者《あんじゃ》（寺男）や人足をお使いにならないのですか」

典座、「他人は私ではない」

道元、「老僧は如法《にょほう》であられます。しかし、陽ざしが、こんなに強いのです。どうしてそのように苦労なさるのですか」

典座、「今でなくて、いったいいつ椎茸を干す時があろうか」

この言葉を聞いて、私はただちに口を閉じた。そのとき、私は、廊下を歩きながら、その一歩一歩に、ひそかに典座の職がいかに大事なつとめであるかということを悟った。

解説

「他は是れ吾れに非ず」（他人のやったことは自分のつとめにはならない）、「更に何の時をか待たん」（今でなくていつつとめを果たすのか）、何という厳しい尊い心境であろうか。当時の六十八歳といえば、今日では九十余歳にも当たろう。その老僧が、日常の椎茸干しという作務《さむ》（禅門の勤労）にこれだけの如法さと志気《しいき》とを示すのを見た時の、青年道元の感激が眼に浮ぶようである。

「学道の人、只《た》だ明日を期することなかれ。今日今時ばかり仏法に随い行じゆくべきなり」（『正法眼蔵随聞記』）。後年禅師は愛弟子の懐奘《えじょう》にこう教えている。

〔二五〕他人には譲れない修行

又《ま》た嘉定《かてい》十六年癸未《きび》、五月の中《うち》、慶元の舶裏《はくり》に在《あ》って、倭使頭《わしず》と説話《せつた》する次《おり》、一老僧あり来たる。年《とし》六十許載《ばかり》。一直《いちじき》に便《すなわ》ち舶裏に到って、他《か》の和客《わかく》に問うて、倭椹《わじん》を討《たず》ね買う。

山僧、他《か》れを請《しょう》じて茶を喫《きっ》せしむ。他《か》れが所在を問えば、便ち是れ阿育王山《あいくおうざん》の典座なり。他れ云く、「吾れは是れ西蜀《せいしょく》の人なり。郷《きょう》を離ること四十年を得たり。今年是れ六十一歳。向来粗《こうらいほ》ぼ諸方の叢林を歴《へ》たり。先年権《せんねんか》りに孤雲《こうん》裏に住し、育王を討《たず》ね得て掛搭《かた》し、胡乱《うろん》に過ぎたり。然るに、去年、解夏《かいげ》し了って、本寺の典座に充《み》てらる。明日は五日なるも、一供《いっく》渾《すべ》て好喫《こうきつ》するものなし。麺汁《めんじゅう》を做《つく》らんと要するに、未《いま》だ椹《じん》の在ること有らず。仍《よっ》て特特《とくとく》として来たり、椹を討《たず》ね買いて、十方の雲《うん》衲《のう》に供養せんとす」と。

山僧他れに問う、「幾時《いくとき》か彼《かしこ》を離るる」。座云く、「斎了《さいりょう》なり」。山僧云く、「育王は這裏《しゃり》を去って多少の路か有る」。座云く、「三十四五里」。山僧云く、「幾時《いくとき》か寺裏《じり》に廻《かえ》り去る」。座云く、「如今《いま》椹を買い了らば便《すなわ》ち行かん」。山僧云く、「今日期せずして相会《あいかい》し、且つ舶裏に在りて説話《せつた》す。豈《あ》に好結縁《こうけちえん》に非《あら》ずや、道元、典座禅師を供養せん」。座云く、「不可《ふか》なり。明日の供養、吾れ若《も》し管《かん》せずんば、便ち不是《ふぜ》に了らん」。山僧云く、「寺裏《じり》、何ぞ同事《どうじ》の者の、斎粥《さいしゅく》を理会《りえ》するなからんや。典座一位不在なりとも、什麼《なん》の欠闕《けつけつ》か有らん」。座云く、「吾れ老年にして此《こ》の職を掌《つかさど》るは、乃《すなわ》ち耄及《ぼうぎゅう》の弁道なり。何を以てか他に譲る可《べ》けんや、又た来たる時、未だ一夜の宿暇を請《こ》わず」と。山僧又た典座に問う、「座《ぞ》、尊年《そんねん》、何ぞ坐禅弁道し、古人の話頭《わとう》を看《み》ずして、煩《わずら》わしく典座に充《み》てられ、只管《しつかん》に作務《さむ》す。甚《なん》の好事かある」。座大笑して云く、「外国の好人《こうにん》、未だ弁道を了得《りょうとく》せず、未だ文字を知得せざらんぞ」。山僧、他《か》れの恁地《かくのごとく》の話《わ》を聞き、忽然《こつねん》として発慚驚心《ほつざんきょうじん》して、便ち他れに問う、「如何ならんか是れ文字、如何ならんか是れ弁道」と。座云く、「若《も》し問処《もんじょ》を蹉過《さか》せずんば、豈《あ》に其《そ》の人に非ざらんや」と。山僧、当時会《そのときえ》せず。座云く、「若し未だ了得せずんば、他時後日《たじごじつ》、育王山に到れ。一番、文字の道理を商量《しょうりょう》し去らんぞ」と。恁地《かくのごとく》に話《かた》り了って、便ち座を起ちて云く、「日《ひ》、晏《く》れ了らん、忙《いそ》ぎ去らん」と、便ち帰り去れり。

現代語訳

また嘉定十六年（一二二三）の五月の初め──と道元は語り続ける。

私はまだ慶元府の港に停泊中の船内に留まっていた──船はすでに四月上旬に中国に着いていたが、なぜか道元はすぐに上陸しないで、三カ月ほど船内に住んでいたことになる。

そんなある日、日本人の船長と話をしていると、ひとりの中国人の老僧が、船にやってきた。年のころは、およそ六十歳ばかり。まっすぐ船にあがってきて、日本の椎茸を買いにきたといって、日本人と商談している。

私はその老僧を自室に招き入れて、お茶をふるまって、「どちらからおいでになったか」と訊《き》くと、それは禅宗五山の一つ阿育王山《あいくおうざん》の典座であった。

彼は言う──私は西方の蜀《しよく》（四川《しせん》省）の生まれで、郷里を出てから、もう四十年にもなり、ことし六十一歳である。これまで、あらかた諸方の叢林《そうりん》（禅の道場）を遍歴してきた。先年来、阿育王山の禅堂をたずねて、錫《しゃく》を留めたが、いいかげんに過ごしていた。ところが、去年の夏安居《げあんご》の終った日に、思いもかけず、大事な典座の役目を命ぜられた。あすは、五月五日の端午《たんご》の節句である。修行僧たちに御馳走をする日なのだが、喜んでもらえるようなものが、何もない。それでうどん（麵汁）でも作ろうと思ったが、あいにく椎茸がきれてしまった。たまたま日本の船が着いていると聞いて、こうして、わざわざ椎茸を求めて、やってきたのである。諸方から集まってきている修行僧たちに供養しようと思うのだ、と。

そこで、二人の間に次のような一問一答があった――と道元は語る。

道元、「いつ阿育王山を発たれたのか」

典座、「斎座が終ってから、すぐに」

道元、「阿育王山は、ここからどれほどの道程《みちのり》ですか」

典座、「三十四、五里（約二十数キロ）です」

道元、「いつお寺にもどりですか」

典座、「椎茸を買ったら、すぐに帰る」

道元、「きょうは、はからずもお眼にかかれて、こうして船中でお話ができました。なんというよい御縁でしょうか。今夜は、私が禅師を供養したいと思います」

典座、「それはいけません。あすの食事は、私が作らなければいけないのです」

道元、「阿育王山のような大寺で、典座はあなたお一人ではありますまい、また食事のつとめのできる方が、ほかにないわけではないでしょう。あなたお一人おられなくても、何も困ることもありますまい」

典座、「私はこの老年になって、はじめて典座の職をつかさどることになったのだ。これは、実に老いの修行というものです。どうして、それを他人に譲ることなどできよう。また、出てくる時に、一夜の外泊の許可を得て来なかった」

道元、「あなたはお年なのに、修行と言われますなら、どうして坐禅弁道し、また公案を参究することをなさらないで、煩わしい典座の職などに任じられて、ただひたすら作務《さむ》に努められるのですか。そんなことをして、よいことがあるのですか」

このとき、老典座は大笑いをして言った。

典座、「外国の立派なお方、あなたは、まだ弁道の何たるかをお分かりでない。まだ文字の何たるかを御存知でない」

私は老僧のこのような言葉を聞いて、ふっと恥ずかしくなり、心に驚いて、すぐに尋ねた。

道元、「どのようなものが文字ですか、どのようなものが弁道ですか」

典座、「もしその質問の真に意味するところとすれ違わなければ、それが文字を知り、弁道を体得した人というものです」

私には、そのとき、その老僧の言葉の意味が会得できなかった。その様子を見て典座は言った。

典座、「もしまだ納得がゆかぬなら、いつか阿育王山においでなさい。ひとつ二人で文字の道理を、とくと語り合いましょう」

こう言い終ると、すぐに席を立って、
典座、「日が暮れてしまう。急いで帰ろう」

と言って、さっさと帰って行った。

解説

六十歳を超えた老典座が、二十数キロの道のりを歩いて、日本船に椎茸を買いにやってきた。当時の中国では、日本産の椎茸は珍重された上等の食品であった。三カ月船のなかの生活をして、上陸できないでいた道元は、これ幸いと、お茶をふるまって問答する。そして、今夜は食事を供養したいから一泊してゆけと勧める。それに対して、老典座は、自分は帰って明日の食事を作らねばならぬという。そこで、道元は阿育王山のような大寺であなた一人ぐらい欠けても、衆僧の食事を作るのに困りはしないであろう、とひきとめる。それに対して典座は言う、「耄及《ぼうぎゅう》（「耄」は、七十歳以上の老年の意）の修行」だから、他人には譲れない、と答える。

修行と言われるなら、どうして坐禅弁道して、話頭（公案）を工夫《くふう》しないで、典座のような煩わしい仕事に精をだすのか、と問う、この時の道元は、修行とは坐禅して公案の工夫をすることだとだけ考えていた。

そこで、老典座は大笑いして、「外国の好人、未だ弁道を了得せず、未だ文字を知得せず」と言う。

道元も、さすがに、はっと気づいて、「弁道とは何か、文字とは何か」と尋ねる。典座は、「あなたの問われたことが、文字であり、弁道なのですよ。もしその質問の真に意味するところとすれ違いさえしなければ、それが、文字を知り弁道を体得した人というものです」と、親切に教えるが、その時の道元には老典座の心境が理解できない。その時の道元は、坐禅にはげみ、古則（古人の手本）といわれる話頭（公案）を参究することだけが修行だと考えていたからである。この時の道元には、まだ阿育王山の典座が、老いの身をもいとわずに、ひたすら典座の職を務めてやまぬ、禅門の作務の修行の本当の意味が理解できなかったのである。

道元には煩わしい雑務と見えた典座の仕事、そんなことより、老いの修行というなら、本務である坐禅弁道なり、公案参究なりに、なぜ精ださないのですか、という言葉に、その時の道元の禅への理解の程度が、よく表現されている。「禅」には、本来、雑務と本務の区別がないのである。煩わしい雑務と見える食事を作る仕事に、「只管に作務する」（ただ勤労にいそしむ）ところに、実は、禅者の本務があるのである。それを、「平常心是れ道」ともいうのである。後年の道元は、この典座の「耄及の弁道」（老いの修行）に、「本証の妙修」（本来仏である者の不可思議の修行）を見て、「威儀即仏法・作法是れ宗旨」の禅風の一環として、『典座教訓』の筆を執ったのである。料理の仕事、それがただちに我々の自己の「本来仏」

としての働きなのである。それを離れて、どこに仏道の修行があるというのであろうか。

龍潭崇信《りょうたんすうしん》が、ある日、師匠の天皇道吾《てんのうどうご》老師に言った、

「私がまいりましてから、まだ一度も御教示を蒙《こうむ》りません。どうか私に心の大事をお教えください」

すると、天皇老師は言われた、

「お前が私の所にきてからずっと私は心の大事を教えずくめではないか」

龍潭には納得がいかない。それで重ねて訊く、

「それは、いったいどういう御教えでしょうか。私はまだ一言もうかがっていません」

そのとき、天皇老師は言われた、

「お前がお茶をささげてきてくれれば、私は〈ありがとう〉と言って受けたではないか。お前が食事を作ってくれれば、私は感謝していただいたではないか。お前が朝夕の挨拶をすれば、私もまた礼を返したではないか。いつ、私が、お前に

心の大事を指示しなかったことがあったか」

朝から晩までの、日常の行為そのものを離れて、どこにも弁道はない。だから、禅門には雑務と本務の区別がない、と先に私は言ったのである。

家庭の主婦が、炊事や掃除や洗濯を雑務だと考えて、どこか他に人間としての生きがいとやらを求めるとすれば、それは「禅」とは無縁の考え方である。専門の料理人が、調理という八時間の労働を、ただ月給《サラリー》を得るための仕事であると考えて、その得た月給でマイ・ホームを造り、レジャーを楽しむための手段であるとしか考えないとしたら、これまた「禅」とは無縁の人である。

南泉が山で作務をしていた。旅の僧が尋ねた、

「南泉への路は、どう行けば、よいでしょうか」

南泉は答えた、

「私のこの茅《かや》刈り鎌《がま》は三十銭で買うたよ」

僧は重ねて訊いた、

「茅刈り鎌のことを問うたのではありません。南泉への路は、どう行ったら、よいのでしょうか」

南泉は言った、

「使ってみると、すごい切れ味なんだ」

南泉への路を問われた和尚は、即今只管に山作務《やまざむ》をしている南泉の実物を突きつけたのだ。三十銭で買ったという南泉手中の茅鎌子《ぼうけんす》は、南泉和尚その人なのだ。しかしそれが見えぬ僧は、どこまでも地理上の南泉禅院への路を問う。

「この鎌、実によう切れる」

南泉は、もしかしたら、ここで気づくかと、第二の矢を放った。始めの答えが、南泉の「体《たい》」を示したというなら、第二の答えは、南泉の「用《ゆう》」を示したものである。

道は日常の働き（用）のところにあるのだが、それが見えるためには、一度、本来の仏としての自己の本来の面目（体）を自覚しなければならない。真人の主体が自覚されてはじめて、真に本証が妙修する。

〔二六〕文字・弁道の大事

同年七月の間に、山僧《さんぞう》天童に掛錫《かしゃく》せし時、彼《か》の典座《てんぞ》来たり得て相見《しょうけん》して云《いわ》く、「解夏《かいげ》し了《おわ》って典座を退き、郷に帰り去らんとす。適《たま》たま兄弟《ひんでい》の『老子箇裏《ろうすこり》に在《あ》り』と説くを聞き、如何《いかん》ぞ来たりて相見せざらんや」と。山僧喜踊《きゆう》感激して、他《か》れを接す。説話《せった》する次《おり》、前日船裏《せんり》に在りし文字・弁道の因縁を説き出す。典座云く、「文字を学ぶは、文字の故《こ》を知らんが為なり。弁道を務むるは、弁道の故を肯《うけが》わんと要《ほっ》するなり」と。山僧他れに問う、「如何ならんか是れ文字」。座云く、「一二三四五」。又た問う、「如何ならんか是れ弁道」。座云く、「偏界曾《へんかいか》つて蔵《かく》さず」と。其《そ》の余の説話《せつた》、多般《たはん》ありと雖《いえど》も、今録《しる》さざる所なり。山僧敢えて文字を知り弁道を了するは、乃ち彼《か》の典座の大恩なり。向来《こうらい》一段の事《じ》、先師全公《ぜんこう》に説似《せつじ》するに、公、甚だ随喜するのみ。

現代語訳

同年七月に、私（道元）は天童山の道場に入った。その時に、あの阿育王山の典座がやってきて、私に言った、

「夏安居がすんで典座の職を退いて、郷里に帰ろうとしましたら、たまたま同参の者から、あなたがここ（天童山）におられると聞いて、ぜひともお目にかからねばと思って、やって参りました」

私はそれを聞いて喜びにたえず、感激して彼を接待して、話し合ったが、その折、私は改めて過日船の中でかわした「文字・弁道」の議論について彼に尋ねた。

典座、「文字を学ぶ者は、文字の何たるかを知ろうと思うものです。弁道を務める者は、弁道の何たるかを納得せねばなりません」

道元、「どんなものが文字ですか」

典座、「一二三四五です」

道元、「どんなものが弁道ですか」

典座、「（真如はギロリと現われていて）全宇宙どこにも蔵されたためしはありませ

ん」

そのほかにも話し合ったことは、たくさんあったが、今ここには書かない。私が少々文字の何たるかを知り、弁道の何たるかを了《さと》ったのは、実はあの典座の大恩である。そこでこれまでのいきさつを、先師（亡くなった師）明全和尚に申し上げたら、先師はたいそう喜ばれた。

解説

道元の入宋は、南宋の嘉定十六年（一二二三）であった。二月二十二日に京都を発ち、三月中旬に九州の博多に着き、その下旬に船出した。そして、同年の四月初旬には、船はすでに宋国の明州慶元府の港に着いている。ふつうの商船に便乗したのだという。そこで、前段〔二五〕のように、阿育王山の老典座が日本から来た商船に椎茸を買いにきた話も、つじつまがあうというわけである。

道元はなぜかすぐに上陸せず、三カ月も船中に留まっていた。そして、ようやく七月になって、天童山景徳寺に入るのである。一緒に行った師の明全和尚は、到着後すぐに上陸して、明州の景徳寺で堂頭《どうちょう》の妙雪禅師に謁見し、五月十三日には早くも天童山で修行生活に入っている。天童山が明全の本師栄西僧正の宿遊の地であった縁によるものであろう。おくれて道元も天童山に入るのである。

では、なぜ道元は三カ月も船中に留まったのか。彼は後に、「我もそのかみ入宋の時、船中にて痢病せしに、悪風出《い》で来て船中さわぎける時、病い忘れて止まりぬ」(『随聞記』)と語っていて、玄界灘で下痢にかかったが、すでに暴風を機にその下痢は止まっていた。だから、病気で船に留まったとは考えられない。

師の明全は、入宋に当たって、わざわざ奈良に行って受戒している。しかし、道元は比叡山の最澄の「一向大乗戒」を正統と考えて、南山律宗の道宣の流れをくむ奈良仏教の「小乗戒」を仏法の戒の正統と認めず、また思想的に「小乗比丘戒」を受けることを必要だとは考えなかった。

道元は後年「比丘戒は受けなくても、菩薩戒を受けない者はいない」と言って、みずから「一向大乗戒」の立場を、はっきり宣明している。そこで、奈良の戒は認めても比叡の戒を認めなかった当時の中国叢林は、道元の僧としての入寺資格を問題にしたのであろう。僧として入寺したければ改めて受戒せよ、というわけである。伝説によると、道元はこの中国叢林の言い分を不当として、強くプロテストしたという。ここに早くも道元の思想家としての潔癖さを見る思いがする。当時の中国禅林は、「大小乗戒兼修」であった。それに対して、道元は、思想的に、日本天台宗の最澄の考え方に随って「一向大乗戒」ですむという立場に立った。

私事であるが、私もその立場を取る。私は得度以前から「大乗戒だけで僧となり得る」と主張してきたし、もちろん得度の時も、小乗戒は捨棄して受けず、「大乗菩薩戒」すなわち「無《む》相《そう》心地《しんち》戒《かい》」一本で禅僧となった。本文とはあまり関係ないが、道元の大事な思想の一つなので、特にここに付記しておく。

話をもどそう。

慶元府の船中で五月に阿育王山の老典座と問答した道元は、七月にようやく天童山に上って修行生活に入った。そのとき、あの典座がわざわざ道元を訪ねてきてくれた。聞けば、この夏安居で道場を出て故郷に帰ろうと思っていた時に、同参の者に道元が天童山にいると聞いて、わざわざ訪ねてきてくれたのだという。道元は大いに喜び感激して、彼と熱心に語った。自然に話は先の「文字・弁道」のことになった。

老典座は言った、「文字を学ぶ者は、〝文字の故〟（文字のいわれ）を知ろうと思うし、弁道を学ぶ者は〝弁道の故〟を納得する必要がある」と。そこで、道元は心をこめて問う、「文字とは何か」。それに対して典座は言う、「一二三四五」。道元は続いて問う、「弁道とは何か」。典座は言う、「偏界曾って蔵さず」。真如はあまねく全宇宙にギロリと現われていて、これまでも一度も蔵されたためしはない。一字二字三字四字五字、その一つ一つに、真如実相はギロリと現われている。それが見えないのは、見る人の心眼が開けていないせいである。

ここにいう文字を、単にいわゆる文字だけと考えては、禅の弁道にはならない。「触目是れ道」である。「花は紅、柳は緑」である。

先に、船中で道元は、「座、尊年、何ぞ坐禅弁道し、古人の話頭を看《み》ずして、煩《わずら》わしく典座に充《み》てられ、只管《しっかん》に作務《さむ》す。甚《なん》の好事かある」と問うて、典座に「外国の好人、未だ弁道を了得せず、未だ文字を知得せず」と大笑された。「一二三四五」は単に文字であるばかりでなく、料理をする人にとっては料理そのもの、すなわち即今目前の一々の作務でもあるのである。御飯を炊き、おかずを作り、その一々の働きにこそ、まさしく禅の弁道はあるのである。

道元は後年あの時の船中の体験を、「山僧、彼れのかくのごとき話を聞き、忽然として発慚驚心《ほつざんきようじん》」したといい、「山僧、当時会せず《そのときえ》」とも告白している。しかし、二カ月しての天童山での再会の折は、先の船中とは違って、何か少々会得するところがあったと見える。「山僧いささか文字を知り弁道を了するは、乃《すなわ》ちかの典座の大恩なり」と言って、「その余の説話、多般ありといえども、今は録《しる》さず」とも書いている。そして、その話を早速天童山にいた師匠の明全にも語ったところ、明全和尚も大いに随喜《ずいき》（他人の善事を共に喜ぶこと）されたと付記している。

しかし、その明全は、入宋三年で宝慶元年五月二十七日に、惜しくも四十一歳で異国の地で遷化《せんげ》した。道元にとっては九年間の長きにわたって師と仰いだ人であった。道元は後日その師の遺骨をいだいて、京都の建仁寺に帰ることになる。

〔二七〕驪龍頷下《りりゅうがんか》の宝珠《ほうじゅ》

山僧《さんぞう》後に、雪竇《せっちょう》に頌有《じゅあ》り、僧に示して、「一字七字三五字、万像窮《まんぞうきわ》め来たるに拠《こ》を為《な》さず。夜深《ふ》け月白うして滄溟《そうめい》に下る。驪珠《りじゅ》を捜得《そうとく》するに多許《たこ》有り」と云《い》うを看《み》るに、前年彼《か》の典座の云う所と、今日雪竇の示す所と、自《おのずか》ら相符合《あいふごう》す。弥《いよ》いよ知る、彼の典座は是れ真の道人なることを。

現代語訳

私は後に雪竇《せっちょう》禅師が僧に示された次のような詩があることを知った。

一字七字三五字（一字・七字・三五十五字）
万像窮め来たるに拠《こ》を為《な》さず（万物は窮めてみれば　拠《よりどころ》にはならぬ）
夜深《ふ》け月白うして滄溟《そうめい》に下る（夜ふけて月は輝き海原へ沈む）

驪珠《りじゅ》を捜得《そうとく》するに多許《たこ》あり（龍の頷《あぎと》の珠を探せばあたり一面）

前年あの典座が言ったところと、今回雪竇が示すところと、自然にぴったり符節を合している。そこでますますあの典座はまことの真の道人であったことが分かった。

解説

雪竇重顕《じゅうけん》（九八〇―一〇五二）は、圜悟《えんご》の『碧巌録《へきがんろく》』の原典《テキスト》である『頌古《じゅこ》百則』の著者として有名である。この詩は、『祖英集』巻下に「忠禅師に答う」として出ている。

詩の意味は、おおよそ次のようなことであろう。「一字・七字・三五十五字」、これは単に文字だけに限らない。次の「万像」ないし先の「徧界」というのが、それである。仏教では一般にこれを「差別」といい、また「万法《まんぼう》」ともいう。いわゆる「森羅万象」である。その差別の一々を、よくよく究明してみると、まったく根拠をなさない。すなわち、万物は「無自性」で、みずからのうちに根拠をもたず、一切は「空」（無自性）で〝不可得〟である。ところが、そこまで究めると、ふしぎなことに、その「空」が〝不可得〟で〝無相〟であるそのままで〝妙有《みょうう》〟（不可思議な存在）である。そこに「真如」実相がギロリと現われるという消息がある。その境地が、詩の第三句の「夜が深けて、月の光はいよいよ白く輝いて、青海原に沈んでいく」というところである。その「滄溟」の中に飛び込んで、黒色の龍が頷にくわえているという宝珠（本来の面目、仏性）を探し求めると、その真如は、こちらの心眼さえ開けば、「偏界曾つて蔵さず」で、なんと数限りもなく無数無量に眼前に顕露しているではないか。「触目是れ道」である、「花は紅、柳は緑」である。

この雪竇の詩の心は、あの阿育王山の老典座が語ったこととまったく符節を合しているではないか。そこで、私はいよいよあの典座が真の道人であることを知った——と、こう道元は言うのである。

この詩の大切なところは、まずは転句の「夜深け月白うして滄溟に下る」というところにあろう。「夜深け」は暗で無我の境である、「月白うして」も平等一色で無我の境である。しかも「滄溟に下る」という、これまた無相の空であり無我の境である。「〝空〟とは〝自他不二〟である」。自己がない時すべてが自己である。「夜深け月白うして滄溟に下る」は、無我の境であり、「空」の無相の否定面である。だが実はそれがそのまま妙有の肯定面である。この眼前の境地がそのまま真人の見た真如であり、人（真人）境（真如）不二の実相である。偏界曾つて蔵さず、一切はそのまま黒龍頷下の宝珠即仏性《ぶっしょう》なのである。

〔二八〕文字上の一味禅

然《しか》れば則《すなわ》ち従来看《み》る所の文字は、是れ一二三四五なり。今日看る所の文字も、亦《ま》た六七八九十なり。後来の兄弟《ひんでい》、這頭《しやとう》より那頭《なとう》を看了《かんりよう》し、那頭より這頭を看了して、恁《か》くのごとき功夫《くふう》を作《な》さば、便《すなわ》ち文字上、一味禅《いちみぜん》を了得し去らん。若《も》し是《か》くの如くならずんば、諸方の五味禅の毒を被《こうむ》りて、僧食《そうじき》を排弁《はいべん》するも、未だ好手を得ること能《あた》わざるなり。

現代語訳

そうだとすると、今まで見てきた文字は、一二三四五であった。今日見るところの文字も、また六七八九十である。後からくる修行者たちよ、ここからあそこを見て取り、あそこからここを見て取る、このように思慮をめぐらして修行すれば、ただちに文字の上で一味禅を了《さと》ることができるであろう。でなければ、諸方の五味禅の害毒を受けて、典座として衆僧の食事を司る大事な職についたとしても、立派な料理人とは言えないであろう。

解説

そうであるとすれば、今まで「差別」の立場からだけ見ていた文字ないし万物は、単に自我の立場から見られるような迷いの世界ではなく、老典座の言うように「真如実相」の悟りの世界そのものであった。ただ私どもが自我の立場に囚われていたために、せっかくの真如が見えず、「一字七字三五字」「拠をなさず」であったのだ。そこで「夜深け月白うして滄溟に下る」という「平等」の無我の境地に入って、そこから「驪珠を捜得」すれば、「真空《しんくう》は無相《むそう》（否定）にして、そのまま妙有《みょうう》（肯定）」で、真如実相ギロリと現成《げんじょう》顕露して「多許《たこ》あり」ではないか。そこでは一切が真如でないものはなく、文字どおり「偏界曾つて蔵さず」ではないか。それが、雪竇の「今日看る所、また六七八九十なり」であろう。自我がなければすべてが自己（無相の自己＝仏性＝真如）である。

どうか後生の兄弟たちよ、平等から差別を見て取り、差別から平等を見て取るという、このような「平等即差別、差別即平等」の見地を開く功夫をすれば、すらりと文字の上で一味の純禅を了解できよう。そうでなければ、諸方の五味の雑禅の毒を受けて、料理したり配膳したりする典座の仕事の上で、玄人《くろうと》とも上手《じょうず》とも言えないであろうぞ。

「五味禅」について

ここにいう「五味禅」というのは、〝種々の雑《まざ》りものの知恵や邪妄の見解の混《まじ》った禅〟ということで、純粋な仏祖正伝《しょうでん》の仏法ではないという意である。こんな話がある（『五燈会元《ごとうえげん》』帰宗《きす》の章）。

帰宗禅師は、僧が辞し去ろうとする折に尋ねられた、

禅師、「どこへ行くのか」

僧、「諸方に五味の禅を学びに行きます」

禅師、「私の所に一味の禅がある」

僧、「老師の一味の禅とは、どんなものですか」
禅師はそれを聞くと、すぐにその僧を打たれた。

この僧のいう「五味禅」とは、必ずしも混《まざ》りものの雑禅《ぞうぜん》（「純禅」に対する語）の意ではない。諸方の禅匠を偏参して、大いに見聞を広めようという意で、むしろよい意味で使っている。「病いは一師一友のところにある」と、虚堂《きどう》禅師も言われた。自分の師匠一人の室内しか知らないで、江湖《ごうこ》道場（天下の道場）の主《あるじ》だと、おさまりかえっているいわゆる宗匠方に比べると、この僧の心がけは大いにほめられてよい。しかし、一味禅に徹したら、もう「脇かせぎ」をする必要はない。そこを見て、帰宗和尚は涙の一棒をふるわれたのである。

因《ちな》みに、圭峰宗密《けいほうしゅうみつ》（七八〇―八四一）に、有名な「五種の禅」の説がある。以下に、参考のために略記して紹介しておこう。

㈠外道《げどう》禅　これは、仏法とは異なる宗教・哲学を奉ずる人々（「外道」は本来そうした意味である）の禅で、二元相対の見地から「上を欣《よろこ》び下を厭《いと》う」て、真理を自己の外に見て、真善美聖という理念《イデー》を立てて、それに近づこうと、自我の強情的努力に励む理想主義的禅である。

(二)凡夫禅　これは、仏法の門に入って、因果を正信することは知ったが、自分に役に立つものを欣び役に立たぬものを厭うて、依然として自我中心の立場から、功徳を求めて修行する凡夫の禅である。坐禅をすれば健康になる、精神の集中力がつく、等々。

(三)小乗禅　これは、仏法の門に入り堂に入って、「空」の真理を得たが、「空」は〝無相〟という否定の面に偏して、自分の人格の完成、自分の救いだけに止まってしまった小乗の聖者の禅である。坐禅で体得した無相定《じょう》を独り楽しんで、自ら山中に行ない澄まして、十字街道に出て利他行《りたぎょう》に尽くそうとしない死人《しびと》禅である。これを涅槃《ねはん》に住《とど》まる羅漢という。

(四)大乗禅　これは、仏法の門に入り、堂に上って、さらに室に入った者で、「我法二空」、「空」は単に〝無相〟に止まらず、そのまま〝妙有〟であるという否定即肯定の真理にまで徹して、自利とともに利他行を、いや「人をのみ渡し渡して己《おの》が身はついに渡らぬ渡し守《もり》かな」というように、ひたすら衆生済度のために精進してやまない大乗の菩薩の禅である。

㈤最上乗禅　これは、一般の大乗仏教に説く禅とは区別した六祖慧能《えのう》のいわゆる「頓悟禅」のことで、自心は本来空であって、もとより煩悩なく、無漏《むろ》の智性《ちしょう》（煩悩の滅した般若の自覚聖智）を本具し、この衆生の心がそのまま仏で、結局生仏不二《しょうぶつふに》（衆生と仏陀と一如）で何の異なることもない、と頓悟する禅をいう。これを「最上乗禅」といい、また「如来清浄禅」ともいう。

しかし、圭峰宗密は、頓悟を説いたとはいっても、禅匠であるとともに、また華厳宗の祖師でもあった。そこで後世の禅者たちは、さらに一歩を進めて「如来禅」と「祖師禅」とを区別するようになる。

香厳《きょうげん》という秀才がいた。知性がたたって師の百丈の生前に悟れなかった。そこで兄弟子《あにでし》の潙山《いさん》に学んだ。潙山は香厳の器《うつわ》を知って何とかして悟らせたいと思った。彼を呼んで言った、

「私は君が平生他から学んだものや書物で覚えたものは問わない。君がまだ母の

体内を出ず、まだ西も東も弁《わきま》えぬ時の本来の君自身について、試みに一句言ってみよ。君の見解が正しければ、君を印可《いんか》（師匠が弟子の悟りの境地を認めて証明すること）しよう」

香厳は呆然《ぼうぜん》として答えなかった。沈吟久しくして数語を述べたが、潙山は許さなかった。

香厳は言った、「どうか老師が私に説いて下さい」

潙山は言った、「私が説くことのできるのは、私の悟りだ。君の悟りではない」

そこで香厳は禅堂に帰って、これまで書きためたノートを調べてみたが、潙山の問いに答え得るものは一つも見出せなかった。そこで嘆いて言った、

「絵に描いた餅では腹はふくれない」

ノートを焼いて、「この世で仏法を学ぶことはあきらめよう。一箇の凡僧として生きて、もうこれ以上苦しい求道生活に心を労することから逃れたい」と思った。

そこで泣く泣く潙山を辞し去った。

南陽にきて慧忠国師の旧跡に庵を結んだ。しかし、香厳ほどの法器《ほつき》が、自分で

は求道をやめたと思っても、あの人生の一大事から離れることはできなかった。無意識のうちに潙山の出した公案を工夫していたに違いない。ある日、山の中で草木を刈り除いていて、小石が竹に当たって、カチンと音がしたのを聞いて、からりと悟った。

そして潙山を訪ねて悟境を述べた。

潙山は、「君は徹した」といって許したが、その場に居合わせた兄弟子の仰山《きょうざん》が、「君は如来禅は会得したが、祖師禅はまだ夢にも見たことがない」と言った。

以来、禅門では、「如来禅」とは異なって「祖師禅」という「向上《そのうえ》の一関」があるというので、やかましいことになった。

最上乗禅たる「如来禅」と「祖師禅」と同か別か、と参ずべきである。

〔二九〕 料理人の心がまえ

誠に夫《そ》れ当職は、先聞現証《せんもんげんしょう》、眼《まなこ》に在り耳に在り、文字有り、道理有り。正的《しょうてき》と謂《い》いつべき歟《か》。縦《たと》い粥飯頭《しゅくはんじゅう》の名を忝《かたじけの》うするも、心術も亦《ま》た之《こ》れに同じかるべきなり。『禅苑清規』に云《いわ》く、「二時《にじ》の粥飯《しゅくはん》、理《り》すること合《まさ》に精豊《しょうほう》なるべし。四事《しじ》の供《く》、須《すべか》らく闕少《けつしょう》せしむること無《な》かるべし。世尊二十年の遺恩《ゆいおん》、児孫《じそん》を蓋覆《がいふ》す。白毫光一分《びゃくごうこういちぶん》の功徳、受用不尽《じゅゆうふじん》なり」と。然《しか》れば、則《すなわ》ち「但《た》だ衆《しゅ》に奉《ぶ》することを知りて、貧《ひん》を憂《うれ》うべからず。若《も》し有限の心なくんば、自ら無窮《むきゅう》の福あらん」と、蓋《けだ》し是《こ》れ衆に供《くう》ずる住持の心術なり。

現代語訳

まことに、この典座の職については、古人の行為を伝えた話もあり、現に私が親しく宋の国で見てきた実例の証《あかし》もある。そのことは、この眼にありこの耳にあり、また文字があり道理がある。まさしく仏祖正伝《しょうでん》の端的と言うべきであろうか。仮に粥飯頭《しゅくはんじゅう》の名を得てその任に当たったとしたら、その心がけはやはりこれら先人の典座方の心がけと同じであるべきである。

『禅苑清規』にも、「朝食のお粥・昼食のお斎《とき》を調理するには、念入りに豊かでなければならない。四事の供養は、欠くことがあってはならない。世尊が百年の寿命を二十年縮めて衆生に施された御恩は、私たち仏弟子の上を蓋《おお》うている。また仏の眉間に光る白毫《びゃくごう》の光のうちの一分の功徳をいただいただけでも、その功徳は受け用いて尽きないものである」とあり、だから、「ただ衆僧に食事を供養することだけを考えて、貧乏を苦にしてはならない。もし有限の心がなければ、自然に無窮の福徳があろう」ともある。思うに、これが衆僧に供養するという住持人の心がけであろう。

解説

典座の職については、「先聞現証」がある。それは自分のこの眼にあり耳にあるところであり、それについて書かれた文字もあり、それについての道理もある。仏祖正伝の端的と言うべきではないか――と道元は言う。

「現証」については、阿育王山や天童山の老典座の尊い行履《あんり》（行ないの跡）について、道元は本書で証拠としての実例を述べている。

「先聞」については、本書の初めに、「昔日《そのかみ》、潙山《いさん》・洞山等《とうざんら》、之《こ》れを勤め、其《そ》の余の諸大祖師も、曾《か》つて経来《へき》たるなり」とあった。

潙山が典座をしていた話は有名である。

潙山和尚は、始め百丈の門下で典座の役についていた。百丈は大潙山の主人を選ぼうとした。そこで首座《しゆそ》とともに潙山にも大衆《だいしゆ》に対して何か一句言わせて、「越格《おつかく》の者が新道場の主《あるじ》として行くがよい」と言った。

百丈は浄瓶《じんびん》（水がめ）を取って地上に置いて、問いを設けて言った、

「これを浄瓶と呼んではならぬ。君は何と呼ぶか」

それに答えて首座が言った、

「木楔《ぼうぎれ》と呼ぶことはできません」
百丈は今度は潙山に問うた。すると潙山は浄瓶を蹴倒して出て行った。百丈は笑って言った、
「第一座《だいいちざ》は、あの山出《やまだ》しめに負けたわい」
そこで、潙山を新道場の開山に任命した。

洞山良价《りょうかい》が典座をしたという話は見当たらない。道元のいう洞山は、実は洞山良价ではなくて、洞山守初《しゅしょ》のことである（〔三九〕参照）。しかし、良价には次のような実に興味深い話がある。

洞山が住職になってから、土地神（寺院の鎮守の神）が彼の心中をうかがおうとしたが、全く蹤跡《あとかた》も見ることができなかった。ところが、ある日、調理場の前に米《べい》麵《めん》（米とうどん）が放り散らされてあった。それを見て洞山はふっと、「大事なお寺の食物を、どうしてこんなふうに踏みつぶしたりするのか」と思われた。その結果、土地神は始めて洞山の胸中を一見することができて、ただちに礼拝した。

これは洞山がすでに住持になってからの話で、典座であった時のことではないが、

まことに興味深い話だから、少々説明を加えておく。牛頭《ごず》法融《ほうゆう》がまだ四祖道信《どうしん》に相見《しょうけん》しない時は、里人が食物を供養し、彼が坐禅を始めると鳥が天から花を降らせて讃嘆したが、彼が四祖に参じて真禅に帰してからは、もう里人も供養せず鳥も花を降らせなくなったという。始めは里人にも鳥にもその境涯の尊さ、ありがたさが分かったが、真正《しんしょう》の仏法に参ずるようになってからは、里人にも鳥にももうその偉さが分からなくなったのである。

百丈涅槃《ねはん》和尚に似たような話がある。

ある日、夜がふけて眠っていると、俄《にわ》かに眼が覚めて、お湯を飲みたくなった。しかし、侍者はもう眠っているので、起こすのも気の毒だとがまんしていた。しばらくすると、誰かが門を叩いて、侍者に、「老師がお湯を欲しがっておられる」と告げた。

侍者はすぐに起きて、お湯を沸かして、和尚の所に持って行った。和尚は驚いて尋ねた、

「誰がお前に私がお湯を飲みたがっていると教えたのか」

侍者は先の話をした。和尚は指をはじいて言った、
「私は全く修行が出来ておらん。もし修行が出来ていたら、他人に心中を気づかれず、鬼神にも知られぬはずだ。今日《きょう》という今日は、土地神に己れの胸中をのぞかれてしもうたわい」

洞山の心境は全く無心に徹していたので、土地神にはうかがい知るスキがなかったのである。それが台所に放り散らされた米麺を見て、「もったいない。大事な常住物を踏みつけて」と思われたとき、土地神にも始めて洞山の心中がうかがえたというわけである。

道元のいう「その余の諸大祖師」のなかでは、何と言っても雪峰《せっぽう》の名をまず挙げなければならない。彼は「三たび投子《とうす》に至り、九《ここの》たび洞山に上る」と言われた偏参の雄であったが、常にしゃもじとざるとを持って、どこへ行っても典座の職を勤めた。それで彼の名に因んで、今日も典座寮のことを雪峰寮というほどである(〈八〉参照)。

雪峰が典座の職であった時の話で、最も有名なのは、次の公案である。

徳山《とくざん》和尚は、ある日、持鉢を捧げて、食堂へ出て来られた。そして典座であった雪峰に、「この老漢、まだ合図の鐘も太鼓も鳴らんのに、持鉢をもってどこへ行かれるのですか」

と問われて、そのまますっと居間に帰って行かれた。

雪峰はこのことを、兄弟子の巌頭《がんとう》に話した。巌頭は言った、

「徳山老師ともあろうお方が、まだ〈末後《まつご》の句〉がお分かりでない」

徳山はこれを聞いて、侍者に巌頭を呼んで来させて、尋ねた、

「お前は弟子のくせにこの私を肯《うけが》わないのか」

巌頭は何やら密かに徳山に申し上げた。そこで、徳山は、文句をいうのをやめた。

その翌日、講座に上った徳山は、果たしていつもと違っていた。巌頭は僧堂の前に来て、手を打って大笑して言った、

「まあ、うれしいことに、徳山老漢にも〈末後の句〉がお分かりいただけた。今

後は、天下の人も、あのお方をどうすることもできまい」

せっかく兄弟子の巌頭が師匠の徳山と組んで、〈末後の句〉というえさで雪峰を悟らせようとしたのであるが、雪峰はこの時には残念ながら悟れなかった。しかし、師の徳山の没後、兄弟子の巌頭の導きで、大悟して徳山に嗣法した。しかし、長いあいだ黙々と典座の職で徳を積んだ雪峰の人格は、多くの弟子たちを引きつけ、門下に千五百人の大衆を集め、世に大善知識と謳《うた》われるに至った。

禅院では典座の職を大事にして、新参者ではなくて修行を積んだ久参者に当たらせる習わしである。昔から道心の厚い人々によって務められた典座の職である。仮に飯炊きの役であっても、典座の名を忝《かたじけの》うしたら、これら先徳の心術に同じかれと願うべきである。

『禅苑清規』にも、「二時の粥飯（禅院は朝は粥、昼に御飯と決まっている）を調理するには念入りに豊かにせよ。四事の供養（飲食・衣服・臥具・医薬の四つ）は欠いてはならない。世尊二十年の遺恩（釈尊は仏として百歳まで生きる寿命をお持ちであったが、みずから八十歳で遷化《せんげ》されて、残りの二十年の福分を衆生に施されたという）は仏弟子たちを蓋っているのである。また仏の眉間に光る白毫《びゃくごう》（仏の眉間の毛髪で右に旋って宛転し、誕生の時は長さ五尺であったが、成道ののち一丈五尺となり、そこから大光明を放ち照らしたという）の光の功徳は、その一分をいただいただけでも、一生受け用いて尽くせないものである」と見え、だから「大衆に供養することだけを思って、貧乏を心配するな。もし有限相対の心がなければ、自然に無窮の福徳があろう」とも見える。

これこそ大衆に供養する住持人の心がけである、こう道元は説くのである。

最後に、「貧を憂うべからず」という語について、『正法眼蔵随聞記』（巻四）の一節を引いておく。

一日、僧来たって学道の用心を問う次に示《じ》に云く、「学道の人は先ず須らく貧なるべし。財多ければ必ずその志を失う。在家学道の者、なお財宝にまとわり、居所を貪り、眷属に交われば、たといその志ありといえども障道の縁多し。古来

俗人
衣一
是れ

〔三〇〕物を差別せず同視する心

供養《くよう》の物色《もつしき》を調弁《ちようべん》するの術は、物の細《さい》を論ぜず、物の麤《そ》を論ぜず、深く真実の心・敬重《きようじゆう》の心を生ずるを詮要《せんよう》と為《な》す。見ずや、漿水《しようすい》の一鉢《ぱつ》も、也《ま》た十号《じゆうごう》に供《くう》じて、自ら老婆《ろうば》生前《せいぜん》の妙功徳《みようくどく》を得、菴羅《あんら》の半果《はんか》も也《ま》た一寺に捨して、能《よ》く育王《いくおう》最後の大善根《だいぜんこん》を萌《きざ》し、記莂《きべつ》を授《さず》かり大果《だいか》を感ぜり。仏の縁《えん》と雖《いえど》も、多虚《たこ》は少実《しようじつ》に如《し》かず。是れ人の行《ぎよう》なり。

現代語訳

衆僧に供養する品物を調《ととの》える心がけは、その品物が上等であるとか粗末であるとかを問題にしないで、深く真実の心・敬《うやま》い重んずる心を起こすことが肝要である。鉢一杯の米のとぎ汁を釈尊に供養した老婆は、みずから生前にすぐれた功徳を得たという。また、アショーカ王は、ただ半個のマンゴーの実を鶏園寺《けいおんじ》に喜捨して、王として最後の大善根をつみ、仏から予言を授かり大きな果報を得たという。そのような話を聞いたであろう。仏に供養する縁といっても、真心のこもらぬ多くのものよりも、真心のこもった少しのものの方が秀れている。それが人の行ないというものである。

解説

僧侶は釈尊がみずからの寿命を二十年縮めて遺し施された大恩を受けている尊い存在である。その尊い大衆《だいしゅ》に供養する食物なのだから、その食品が上等だとか粗末な物だとか言って、差別の心を起こしてはならない、どんな食品にも、真心をこめて丁重《ていちょう》に扱う心が肝要である。

こう言って、道元は次のような話を引用する。

あるとき、釈尊は弟子の阿難《あなん》とともに托鉢に出られた。二人で食を乞いながら、舎婆提《しゃばてい》城から婆羅門《ばらもん》の城下へと向かわれた。この町は外道の所領であった。その

王は釈尊が人々に崇拝されているのを憎み、町中にふれを出して、こう言った、

「もし、仏陀に食物を与えたり、仏陀の教えを聴く者がいたら、五百金の罰金を科する」

恐れをなした城下の人々は、家の門を固く閉ざしていた。そのため、釈尊と弟子の阿難とは、食事の供養を受けることができないで、空《から》の持鉢を捧《ささ》げたまま帰ろうとした。

そのとき、そこへたまたま瓦器に入れた米のとぎ汁（漿水）を下水に捨てに来た一人の老婆がいた。老婆がふと釈尊の鉢の中を見たら空である。老婆は、心に清浄な信仰の念を起こして、何か仏陀に供養したいと思ったが、自分には何一つ布施するような物がない。そこで下水に捨てようとした米のとぎ汁を供養したいと願った。釈尊は老婆の志を知って喜んでそれを受けられた。

受け終ると、釈尊は阿難に言われた、

「老婆はこの布施の功徳によって、生前は言うまでもなく、十五劫《こう》の長い間、天上界・人間界に生まれて、終生にわたって福徳を受け、悪道に堕《お》ちないで、後に男身に変成《へんじょう》して、出家し学道して、必ず辟支仏《びゃくしぶつ》（独覚）になるであろう」。（『大智

度論』巻八）

アショーカ王は、古代インドの仏心天子であった。臨終に当たって、多額の金子《きんす》を菩提寺である鶏園寺へ寄進しようとした。だが、大臣たちは太子と計って、一切の財宝を押さえて、一物も王の自由にさせなかった。すべての持ち物を封鎖された王は、自分がふだん使っていた黄金の食器を寺に寄付しようとしたが、それも妨げられてしまった。せん方つきた王は、最後に自分が手にしていた半分のマンゴーの実を側近の者に渡して、寺に持って行かせて寄進させた。衆僧はアショーカ王のこの最後のわずか半分の果物を、ねんごろにおしいただいて、これを粉にして桶の中に入れて、皆で分けあって食したという。この半個のマンゴーの実の供養によって、王は成仏の因となる大善根を種《う》え得たのである。（『阿育王経』）

道元はこの話を、『正法眼蔵』「菩提薩埵四摂法《ぼだいさったししょうぼう》」の巻にも、次のように書いている。

仏ののたまわく、「布施する人の衆会《しゅえ》のなかに来たる時は、まずその人を諸人のぞみみる」

知るべし、密《ひそか》にその心の通ずるなりと。然《しか》あれば則《すなわ》ち、一句一偈《げ》の法をも布施すべし。此生他生の善種となる。一銭一草の財《たから》をも布施すべし。此世他世の善根をきざす。法も財なるべし、財も法なるべし。願楽《がんぎよう》によるべきなり。

まことにすなわち、鬚《ひげ》を施しては、物の心を調え、砂《いさご》を供《くう》じては、王位を得るなり。ただ彼が報謝をむさぼらず、みずからが力を分かつなり。

舟をおき、橋をわたすも、布施の檀度《だんど》なり。もしよく布施を学する時は、受身捨身ともに是《こ》れ布施なり、治生《ちしよう》産業もとより布施にあらざることなし。花を風にまかせ、鳥を時にまかするも、布施の功業なるべし。阿育大王の半菴羅果《はんあんらか》、よく数百の僧衆に供養せし、広大の供養なりと証明する道理、よくよく能受の人も学すべし。身力を励ますのみにあらず、便宜を過ごさざるべし。

まことに、みずからに布施の功徳の本具なる故に、今のみずからは得たるなり。

仏は言われた、「布施する人が人々の集まりの中に来る時は、まず皆がその人を望み見る」。これは、布施しようという尊い心が密かに皆に通ずるからであると知られる。そういうわけであるから、一句一偈（詩）の法でも布施すべきである。そうすれば、此の一生、他の一生の善い種となる。一銭一草の財をも布施すべきである。この一生、他の一生の善根をきざすこととなる。法（教え）も財であり、財も法であろう。すなわち財施（財産を布施する）も法施《ほっせ》（法すなわち教えを布施する）も同じことである。ただ衆生を思う菩薩《ぼさつ》の願心によるべきである。

まことに、鬚を布施して物の心を調え、砂を供養して王位を得るのである。ただ、その人が報いを貪らず、自己の力を分かつのである。

川に舟を置き、橋を渡すのも、布施の行ないである。もし布施を学ぶ時は、人身を受けるのも捨てるのも、いずれも布施である。生計を立て生産に努めるのも、もちろん布施でないはずはない。花が咲いて風にまかせて散るのも、鳥が鳴き出すのを時節にまかせるのも、いずれも布施の働きであろう。アショーカ王が半分のマンゴーの実を寺に寄進して、数百人の僧侶に供養することができたこと、わずかに半分の果物を布施したことが実に広大な供養なのであったと証明する、この道理を、よくよく学ぶべきである。ただ自身の力を励ますだけでなく、布施する時機を誤らぬように実行しなければならない。

まことに、この自身にもともと布施の功徳が具わっているからこそ、今の自己はこの一生を得ているのである。

――先に引用した「四摂法」の一節で道元が言おうとするところは、おおよそこんな意味であろう。

『典座教訓』に帰ろう。道元は言う。

一鉢の米のとぎ汁でも、十号（仏陀には十種の称号がある。すなわち如来《にょらい》・応供《おうぐ》・正偏智《しょうへんち》・明行足《みょうぎょうそく》・善逝《ぜんせい》・世《せ》間解《けんげ》・無上師《むじょうし》・調御丈夫《じょうごじょうぶ》・天人師《てんにんし》・仏世《ぶつせ》尊《そん》である。ここで十号は仏陀の意）に供養して、老婆はすぐれた功徳を得た。またアショーカ王は、ただ半分のマンゴーの実を寺に寄進して、最後の大善根を積んだ。ということは、仏に供養することでも、多虚（数だけ多くて真心のこもらぬもの）よりも、少実（少なくても真心のこもったもの）の方が秀れているということである。これが人間の行ないというものである。

道元は前段で「衆に供ずる住持の心術」すなわち〝料理人たる者の根本的な心が

まえ〟を説いた。そしてこの段では、調理する品物の「細麤《さいそ》」（上等か粗末か）を差別してはならないとして、真実心・敬重心《きょうじゅうしん》でもって、いかに粗末な品物も、どんなに僅かな物も、大切にして生かして料理することを教える。「仏の縁と雖も、多虚は少実に如《し》かず」である。大切なことは、衆生を利益《りやく》せんという菩薩の願心である。そこから品物に対する真実心も敬重心も自然に出てくるのである。

〔三一〕 ただ一つの大海の味

謂《いわ》ゆる醍醐味《だいごみ》を調うるも、未だ必ずしも上《じょう》と為《な》さず。莆菜羹《ふさいこう》を調うるも、未だ必ずしも下《げ》となさず。莆菜を捧《ささ》げ、莆菜を択《えら》ぶの時、真心《しんしん》・誠心《じょうしん》・浄潔心《じょうけつしん》にして、醍醐味に準《じゅん》ずべし。所以《ゆえ》は何《いか》ん。仏法清浄《しょうじょう》の大海衆に朝宗《ちょうそう》する時は、醍醐味を見ず、莆菜味を存せず、唯《た》だ一大海の味のみ。況《いわ》んや復《ま》た道芽《どうげ》を長じ、聖胎《しょうたい》を養うの事は、醍醐と莆菜と、一如《いちによ》にして二如なきをや。「比丘《びく》の口、竈《かまど》の如し」の先言あり、知らずんばあるべからず。想うべし、莆菜能《よ》く聖胎《しょうたい》を養い、能く道芽を長ずることを。賤《せん》と為《な》すべからず、軽《けい》と為すべからず。人天《にんでん》の導師、莆菜の化益《けやく》を為すべきものなり。

現代語訳

世間でいう醍醐味を料理しても必ずしも上等と思わない、菜っ葉汁を作っても必ずしも粗末な料理だと思わない。粗末な野菜を手に取り、それを択び分ける時も、真実な心・誠実な心・浄潔《きよらか》な心をもって、醍醐味を作る時と同じようにすべきである。何故かと言えば、大小の河川が大海に集まりそそぐ時は、大海は河川の大小も水の清濁も合わせ呑んで、一つの海水となるように、仏法の清浄の大海衆である衆僧に供養する時は、醍醐味も菜っ葉汁も区別せず、ただ一つの大海の味だけであるべきであるからである。ましてまた道心の芽を育て、聖胎《しようたい》を養うことは、醍醐も菜っ葉汁も、全く一つであって二つはないのであるから、なおさらのことである。「比丘《びく》の口は、かまどのようである」という古人の語がある。とくと心得ておかなければならない。菜っ葉汁が聖胎を養うことができ、道心の芽を育てることができるということを、想うべきである。菜っ葉汁を賤《いや》しいと思い、軽く思ってはならない。人間界・天上界の指導者たる者は、菜っ葉汁でもって、衆生を教化《きようけ》し利益《りやく》すべきである。

解説

「醍醐味」は、〝極上の味〟で、牛乳を精製して得たものを「乳・酪《らく》・生蘇《せいそ》・熟蘇《じゆくそ》・醍醐」の五味に分けて、その中の最上の味をいう。

第一五、一六段に「頭乳羹《ずにゆうこう》」とあったが、「羹」は「あつもの」と訓読して、〝肉や野菜を煮《に》た熱い吸物《すいもの》〟をいう。「頭乳羹」というのは、〝牛乳入りの上等のご馳走〟の意で、それに対して、「莆菜羹《ふさいこう》」というのは、〝粗末な菜っ葉汁〟の意であろう。

「比丘の口は竈《かまど》の如し」というのは、〝カマドは草でも木でも何でも区別なく焼いてしまうように、出家者はどんなものも好悪《こうお》取捨の念なしに受け容れて生かすべきである〟という意味である。

典座たる者は、上等な料理でも粗末な料理でも、差別せずに真心をこめて調理せねばならない。粗末な菜っ葉汁でも軽んじてはならない。粗末な料理でも道心を養い道体（真理の身体）を養うものとして、誠をもって作るべきである。

三祖僧璨《そうさん》禅師の作といわれる『信心銘』に、「至道無難《しどうむなん》、唯嫌揀択《ゆいけんけんじやく》」という語がある。「至極の大道（究極の真理）は、なんのむずかしいこともない、ただ揀択《えりごのみ》することを嫌うだけだ」というのである。ここでも、上等な料理と粗末な料理と揀択せずに、同じように真心をこめて調理せよ、ということである。

禅の料理だからといって何も粗末な食事だけを大切にせよ、上等の美味なものは作ってはならぬというのではない。

天龍寺派の管長関牧翁《せきぼくおう》老師は、慶応の医科の学生だったが、その頃はやった「新しき村」の理想主義思想にかぶれて、大学を中退して禅宗の専門道場に入った。入ってガッカリした。僧堂というところは何もかも表面だけで、坊主とはこんなにウソだらけの生活をするものか、とあきれはてたという。

例えば食事だが、ただもう粗食を売り物にして、朝はお粥と漬け物、昼は一汁一菜で、夜はその昼の余り物という粗末な食事で暮すのだというが、外出して身銭《みぜに》をきって隠れてこっそり食べるぶんには知って知らん顔である。こんなウソの生活からマコトは出てこない、と大いに憤慨した。老師はいつか私にこう語って、「今から思うと、あれも僧としての一つのタシナミだと分かってきましたがネ」と微笑された。

僧堂だって時においしいご馳走があってよい。道元は、菜っ葉汁を醍醐味に準じて真心で作れ、といって、美味は絶対ダメだなどとは言ってない。鈴木大拙先生も、「何も肉を食う必要はないが、もっと油を使った料理を工夫するなどして、近代的に栄養のことも考えて合理化すべきだ」と語られた。牧翁老師が言われるように、粗食を売り物にして自慢するからウソになる。

趙州《じょうしゅう》和尚は弟子たちに教えて言った、

「〈至道無難、唯嫌揀択〉だ、とこう言葉で表現すると、はやもう揀択になる、でなければ反対に明白《めいはく》だ。しかし、私は揀択《えりごのみ》の所（差別）はおろか明白《はっきり》した所（平等）にもいない。お前たちは差別がいかんというと、今度は平等を後生《ごしょう》大事と護ってはいないか」

そこで、僧が出て問うた、

「老師は明白《はっきり》した所（平等）にもいないと言われるのでしたら、いったい何を大切にされるのですか」

趙州、「私も知らぬ」

僧、「ご自分もご存知ないのでしたら、どうして〈明白した所にもいない〉と言われるのですか」

これは理屈である。しかし、趙州はすましたもの。

趙州、「質問はそれでよい。礼拝して引っ込め」

上等な料理と粗末な料理と差別してはならない。典座たる者は粗末な料理を作るにも、上等な料理を作るのと同じように、真心をこめて作って、その粗末な料理で大いに皆さんの身心を養い利益すべきである。

しかし、だからといって粗末な料理だけで上等な料理を作ってはならんということではない。僧堂だって時にはウントご馳走がある、あってよい。差別がいかんというのは、何でも平等だということではない。本当の平等は「差別のままで平等」というところにある。「差別なき平等は悪平等」である。

晩年の鈴木大拙先生と食事の話をしていた時、先生がお孫さんのように可愛がっておられた岡村美穂子さんが、そばから「センセはいつも腹八分めですネ」と言った。すると、先生はすかさず言われた、「いや、時には腹いっぱい食べるぞ」最後に、私は何としてもここに盤珪《ばんけい》禅師の逸話を引いておかねばならない。

禅師が地蔵寺におられたとき、斎時に食事をめしあがったが、「きょうのお粥《かゆ》は、よく煮《に》えていて、まことに味がよい」と言われた。給仕の小僧が、「御前《ごぜん》のあがるのは、鍋《なべ》の内でよいところを選ぶのです」と言った。禅師は、「あさましいことだ。鍋の内で差別をする」といって、その後はお粥をめしあがらなかった。そこで、典座の祖教《そきょう》も粥を食べないで絶食した。数カ月して、そのことを聞かれてからは粥をめしあがった。祖教もまたそれから粥に箸《はし》をつけた。

また、こんな話もある。

あるとき若宮の庄屋方より、お城の慈光院殿へ、茄子《なす》の初なりの小さいのを二つ献上した。大姉（お城の奥方）はすぐに如法寺《にょほうじ》（四国の大洲《おおず》にある盤珪を開山とする寺）へ遣《つか》わされた。そのときは祖徹という僧が典座であったが、この小さな茄子二つ、とうてい大衆全体には及びがたいと考えて、禅師お一人へ汁《しる》に料理してさしあげた。禅師は少しめしあがったが、「お城からいただいた茄子は何としたぞ」と訊《き》かれた。祖徹はありのままを申し上げた。

禅師はそれを聞くと、たいそう怒って、「身どもに毒を食わせた」と言われた。その日はそれきり食事をめしあがらず、翌朝の粥座もお昼の斎《おとき》座もめしあがらない。祖徹はじめ老僧がいろいろおわびをいって、やっと食事をとられるようになった。

〔二二〕衆僧の善悪・老少を見ず

又《ま》た衆僧の得失を見るべからず、衆僧の老少《ろうしょう》を顧《かえり》みるべからず。自猶《じな》お自の落処《らくしょ》を知らず、他《た》争《いかで》か他の落処を識《し》ることを得んや。自の非《ひ》を以《もっ》て、他の非と為《な》す。豈《あ》に誤らざらんや。耆年《きねん》・晩進《ばんしん》、其《そ》の形《かたち》異なりと雖《いえど》も、有智も愚曚《ぐもう》も僧宗《そうしゅう》是れ同じ。随って亦《ま》た昨《さく》は非《ひ》なるも今は是《ぜ》なり、聖凡《しょうぼん》誰《たれ》か知らん。『禅苑清規』に云く、「僧は凡聖《ぼんしょう》と無《な》く、十方《じっぽう》に通会《つうえ》す」と。

現代語訳

また衆僧を供養するにあたっては、その僧の善悪を見てはならない、その僧の老若を問題にしてはならない。自分でさえ自分自身の何たるかが分からないのに、どうして他人がどんな人間であるかを知ることができようか。自分がよくないという、それでもって他人もよくないと考えるのは、とんだ誤りではなかろうか。

老年の先輩と若い後輩とではその形は異なっていても、また知恵ある者も愚かな者もいるけれども、いずれも僧宝であることは同じである。また、昨日《きのう》はよくなかったが今日《きょう》はよいということもある。だから、聖人か凡夫か、誰にも知れないことだ。

『禅苑清規』にも、「僧は凡夫でも聖人でも、世界中どこであっても僧宝として通用する」と言ってある。

解説

前段は衆僧に供養する食事について差別してはならぬという教えであったが、この段はその食事を受ける衆僧そのものを差別してはならぬという教えである。食事を供養する僧の人間の善悪、年齢の老若、修行の熟・未熟、新参者か老尊宿か、そんなことで差別してはならない。自分で自分のことが分からぬのに、なんで他人のことが分かろうか。自分が正しくないという、その自分の非（「非」は〝よくない、正しくない〟の意）を標準にして他人を正しくないと思うのは、とんだ間違いではないか。老尊宿と新参者と、その外形は違っていても、また僧の中に智者と愚者とがあっても、僧たる以上は、大切な仏・法・僧の三宝の一つである「僧宝」であることは同じだ。

また、たとえ昨日は正しくなくても今日は正しいということがある。悟った聖人か迷っている凡夫か、誰にも分かりはしない。だから、衆僧を差別の眼で見てはならない。『禅苑清規』にも、「僧は凡夫でも聖人でも、どんな世界ででも僧宝として通用する」と言ってあるのである。

盤山《ばんざん》和尚は町を歩いていて、一人の客が猪の肉を買うのを見た。客が肉屋に、

「ごくよい肉を一斤《いっきん》切ってくれ」

と言うと、肉屋は包丁を下に置いて、胸に手を組んで、みえをきって言った、

「だんな、どこによくない肉があると言うんですかい（うちの肉はみな上等の肉ばかりですわい）」

盤山は言下にはっと気づいた。

江戸前に訳すと、河岸《かし》の哥兄《あにい》に、「その鯛《たい》の生きのいいやつをくれ」と言うと、「べらぼうめ、テイの生きのわるいやつなんかあるかってんだ」というようなものだ。盤山は肉屋の言葉にはっと心が開けた。——どこに悪人がいるか、誰が仏でない者があるか。


文殊《もんじゅ》菩薩は、ある日、善財童子《ぜんざいどうじ》に薬草を採りに行かせて言われた、

「薬にならぬ物も採ってこい」

善財はあまねく諸方を探したが、薬にならぬものは何一つなかった。毒で薬になりそうもないと思うものも、よくよく考えればすべて薬になることが分かったので、帰って来て文殊菩薩に申し上げた、

「薬にならぬ物はありませんでした」

文殊は言った、

「では、薬になる物を採って来い」

そこで善財は、一本の草を摘《つま》み上げて、文殊菩薩に渡した。文殊はそれを取り上げて、皆に示して言われた、

「この薬は人を殺すこともできるし、また人を活かすこともできる」

禅者の説法は、結局は「直指《じきし》人心《にんしん》、見性成仏《けんしょうじょうぶつ》」ということに尽きる。それでは直指すべき「人心」とは何か。馬祖《ばそ》は「平常心《ふだんのこころ》が道である」と言った。黄檗《おうばく》もまた言う、「この心がそのまま仏で、仏がそのまま衆生である。衆生である時にこの心は減っていない。諸仏である時に、この心は添《ま》していない」。さらに『般若心経』には、「不生《ふしょう》不滅、不垢《ふく》不浄、不増不滅」とある。それは、どこまでも人間（衆生）の心であり、平常心であるが、同時にまた生まれることもなく死ぬこともなく（不生不滅）、衆生であるからといって何かマイナスになっていないし、仏であるからといって何もプラスになるのでもない（不増不滅）、そして罪に汚れることもなく特別に清めなければならないこともない（不垢不浄）というような「心」である。

黄檗はこれを「本心」とも「無心の心」とも「本源清浄心《ほんげんしょうじょうしん》」とも言う。一般に仏教で「仏性《ぶっしょう》」といわれるのが、それである。禅は、こうした「人心」（仏性）を直指して、「見性《けんしょう》」（心眼を開いて仏性を見る）して成仏せよ（直指人心、見性成仏）と説いてやまないのである。

良寛は、そこを「常不軽菩薩行《じょうふきょうぼさつぎょう》」と言う。この菩薩は人々《にんにん》本具の「不生不滅、不垢不浄、不増不滅」なる「仏性」だけを、ただまっすぐに見て、「あなたは仏のみ子だ、将来きっと仏になられる方だ」と拝んで歩いたという。良寛は歌う。

比丘はただ万事は要らず常不軽
　菩薩の行ぞ殊勝なりけり

〔二二二〕聖なる沈黙

若《も》し一切の是非《ぜひ》有るも、之《こ》れを管すること莫《な》かれ。志気《しいき》那《なん》ぞ直《じき》に無上菩提《むじようぼだい》に趣《おもむ》くの道業《どうぎよう》に非《あら》ざらんや。如《も》し向来《こうらい》の一歩《いっぽ》を錯《あやま》らば、便乃《すなわ》ち対面して蹉過《しやか》せん。古人の骨髄《こつずい》、全く恁《か》くのごときの功夫《くふう》を作《な》す処に在り。後代当職を掌《つかさど》るの兄弟《ひんでい》も、亦《ま》た恁《か》くのごとき功夫を作して始めて得《え》てん。百丈高祖曩聖《のうしよう》の規縄《きじよう》、豈《あ》に虚然《こねん》ならんや。

現代語訳

もし、すべての善悪があっても、これに拘泥《こうでい》してはならない。求道者の志気は、「まっすぐ無上の菩提に趣く」という修行であったはずではないか。もしこれまで述べてきたところを一歩でも間違うなら、ただちに面と向かい合いながらすれちがうことになろう。古人の体得した真髄は、全くこのような心の修行をするところにあったのである。今後、この典座の職をつかさどる兄弟たちも、同様にこのような心の修行をせねばならない。高祖百丈禅師の『清規《しんぎ》』は、むだごとではない。

解説

とかく人間は他人の是非をあげつらうことが好きだ。人の噂話《うわさばなし》くらい面白いものはない。しかし、釈尊は、比丘たる者の心得として、「坐禅と聖なる沈黙」が大事だと教えておられる。李遵勗《りそんぎょく》の悟道の偈《げ》に、次のような詩がある。

参禅は須《すべか》らく鉄漢なるべし、
手を心頭に著《つ》けて便《すなわ》ち判ぜよ。
直《じき》に無上菩提に趣いて、
一切の是非管すること莫《な》かれ。

「参禅は鉄漢（大丈夫＝立派な男）でなければならぬ、胸に手を当てて反省せよ。まっすぐ無上の悟りに趣いて、すべての是非に関わってはならぬ」

道元は、この偈の転句を用いて言う。修行者たる者の志気は、そのように「直趣無上菩提」の道行であるはずではないか。他人の是非などに関わっているひまなどない。私がこれまで述べてきたところを一歩でも誤ったら、ただちに面と向かい合っていながらすれちがうということになろうぞ。古人の骨髄は、全くこのような心の工夫をするところにあった。後代の典座たちも、またこのような古人の工夫と同じ工夫をせねばならない。百丈禅師の『清規』は、そらごとであろうはずはないぞ。「まっすぐ無上の悟りを求める」(直趣無上菩提)、それ以外に何のよそごとにかかわっておれるか、そこでただの一歩でも踏み誤ると、ただちに面と向かい合いながらすれちがうことになるというのである。

盤珪《ばんけい》禅師が網干《あぼし》の新屋敷におられた頃、必要な書きつけが見つからないことがあった。侍者たちが百方探したけれども見つからない。一所懸命探して、ようやく探し出した。そのとき盤珪は、

「お前たちが、初めから、家をくずしても探し出すという気があれば、早く見つか

ったはずだが、いいかげんな心で探すから、なかなか見つからなかったのだ。この書きつけは今は強《し》いて必要なものというわけではないのだが、お前たちに一生の覚悟を教えるために探させたのだ。いいかげんなことでは半人前にもならぬぞ」と戒められた。

雪潭《せったん》和尚は、美濃《みの》の慈恩寺の棠林《とうりん》和尚を師として参禅したが、容易に悟れなかった。薩門《さつもん》という兄弟《あにで》子《し》がいて、「お前、悟りたいならすりこぎで老師の頭をぶんなぐれ」と、けしかけた。悟りたい一心で、雪潭は師の頭めがけて、本当にすりこぎをふりおろした。棠林は「この気狂いめが」と、手もとの棒をふりあげた。そのとき薩門が飛び込んできて、「この男の無礼をお許しください。これもただ悟りたさの一念からしたことです。どうか向こう七日間、この男の命を私にお預けください」。薩門はそこで雪潭に、「あと七日の命だ。何としてでも悟れ。そうでないと、私も師匠に合わす顔がない」と激励した。

雪潭は決死の覚悟で坐禅した。一夜あけ、二夜あけ、ついに七日めの夜もあけたが、悟りは開けない。彼は楼上のランカンから飛びおりて自殺しようと思った。そのときである。暁天の大気を破って、雄鶏《おんどり》が「コケコッコー」と鳴いた。雪潭は思わずへたへたと尻餅《しりもち》をついたが、その瞬間に豁然《かつねん》として大悟した。

寂室《じやくしつ》和尚に次のような偈《げ》がある。

参禅は実に大丈夫の事、
一片の身心鉄と打成《たじよう》せよ。
儞《なんじ》看よ従前の諸仏祖、
阿那箇《あなこ》か是れ間情を弄する。

参禅は一箇の身心を「鉄」にしてはじめて成就できるほどの大丈夫の仕事だ。よく思うがよい、これまでの仏祖方でどなたが閑《むだ》な妄想をほしいままにされた方があったろうか。

懶瓚《らんさん》和尚は衡山《こうざん》の石室に隠居して、独り悟りの境地を守っていた。唐の徳宗皇帝がその徳名を聞いて、勅使をたてて召された。勅使が石室に行って、「天子の詔《みことのり》を伝えます。起立して天恩を謝しますように」と言ったが、懶瓚はちょうどそのとき牛糞《ぎゅうふん》の火をあばいて、焼芋《やきいも》を探して食べようとしていて、鼻水があごにたれていたが、何の返事もしなかった。かしこまっていた勅使も、ついに笑い出して、「尊者よ、まあ涕《はな》をおふきなさい」と言った。懶瓚は、「わしは俗人のために涕をふくひまなどない」と言って、しまいまで立たなかった。

古人の「直趣無上菩提」の道行を書き立てたら、きりはない。今回はこのくらいでやめておく。最後に、百丈禅師のことにふれておかなければならない。

百丈和尚は、初めて禅院の修行生活の規矩《きく》（規則）を定めた人として知られる。それまで、禅僧は律宗の寺院に仮寓したり、草庵に住んだりして、禅院として独立の寺院を造り、そこで禅宗独自の清規《しんぎ》（清衆の生活規則）を制定するということはなかった。今日は百丈の定めた古清規は残っていないが古来の数種の清規の中にその原形を留めている。道元は、『禅苑清規』をよく引用するが、後には自身で独自の清規を定め、現にそれは『永平清規』として、曹洞宗のなかに厳として今に生きている。

〔三四〕建仁寺、典座に人の実なし

山僧《さんぞう》、帰国してより以降《このかた》、錫《しゃく》を建仁《けんにん》に駐《とど》むること、一両《りょう》三年。彼《か》の寺、愁《なまじ》いに此《こ》の職を置けども、唯《た》だ名字《みょうじ》のみ有って、全く人の実《じつ》無し。是《こ》れ仏事《ぶつじ》なることを未だ識《し》らず、豈《あ》に敢《あ》えて道を弁肯《べんこう》せんや。真《まこと》に憐憫《れんびん》すべし。其《そ》の人に遇《あ》わずして、虚《むな》しく光陰を度《わた》り、浪《みだ》りに道業《どうぎょう》を破る。

現代語訳

私は宋の国から日本へ帰国して以来、二、三年間、建仁寺に留まっていたが、かの寺にはなまじっか典座の職を置いてはいるものの、ただその名前があるだけで、それを行なう人の実は全くなかった。典座の職が仏事であることを知らないのだから、料理を通して仏道を修行するということなどに努力するはずもない。その人にめぐり遇わず、空しく月日を過ごし、いたずらに仏道修行を破っていること、まことに憐れむべき次第であった。

解説

道元は帰朝直後の自己の感懐を、『弁道話』の中で、次のように述べている。

予、かさねて大宋国におもむき、知識を両浙《せつ》にとぶらい、家風を五門にきく。ついに太白峰の浄禅師に参じて、一生参学の大事ここにおわりぬ。それよりのち、大宋紹定のはじめ、本郷にかえりしすなわち、弘法救生《ぐしよう》をおもいとせり。なお重担を肩におけるがごとし。

私は、そのうえ大宋国まで行って、浙江《せっこう》の東西に師を訪ね、五家といわれる各宗の宗風を学びました。そしてその結果、太白峰天童山景徳寺の如浄禅師について修行して、一生参学の大事を修し了えました。その後、大宋の紹定という年号の初めに、日本に帰ったその時から、法を弘め衆生を救うことを念願としています。それはちょうど重荷を肩にのせているようであります。

――まあ、こんな意味である。

ともに中国に渡り、かの地で亡くなった師の明全《みょうぜん》の遺骨を建仁寺に納めたのち、そのまましばらく道元は建仁寺に留まっていた。建仁寺は、明全の師で、道元自身生涯深くその徳を慕った栄西が建てた寺である。道元の弟子の懐奘《えじょう》が道元の話を書きとめたという『正法眼蔵随聞記』に、次のような文章がある。


師は雑話のおりに言われた。世間の男女は老若となく、雑談をする時はたいてい猥談《わいだん》、色ごとの話をする。それで心を慰めようとし座興とするのである。しばらくは心も遊び、つれづれも慰められはするが、僧たるものは、かたく禁ずべきことである。俗人でも、教養もあり身分もある立派な人や、きちんとした人が、礼儀を弁《わきま》え、まともな話をする時には、出てこないことである。ただ、酒に酔ってしまりのなくなった時の話である。まして僧たるものは、専ら仏道を思うべきである。猥談などは、めったにない行儀はずれの気狂い僧のすることである。

宋の国の寺院などでは、全く雑談をしないから問題はない。わが国でも、近ごろ建仁寺の栄西僧正が御生存中は、かりそめにもこのような言葉は出てこなかった。亡くなられて後も、御在世当時の門人たちが少し寺に残り留まっている間は、全く言わなかった。最近この七、八年来、新参の若い人たちが時々するのである。もってのほかのけしからぬことである。

ここで、道元の伝記をひもといてみると、道元が比叡山を下って園城寺《おんじょうじ》に公胤《こういん》僧正を問い、その指示で建仁寺に栄西を訪ねたのは、彼が十四歳の時であった。それから、三年後に建仁寺に入って明全に師事した時が十七歳、そして二十三歳の時に明全とともに入宋する。そして、二十七歳の時に帰国して建仁寺に帰る。それから三年の後、三十歳の時に建仁寺を出て、深草に閑居する。そして三十三歳の春に、興聖寺《こうしょうじ》僧堂を開くのである。道元が本当に栄西に直接逢ったのかどうかは、学者によって異説のあるところであるが、ともかく、道元は、前後十数年間の建仁寺のありようを知っていたわけである。

道元は言う――自分は宋の国から帰朝後、二、三年ほど建仁寺に留錫《りゅうしゃく》した。かの寺には典座職という職を置いていたが、それはただ空名だけで、自分が親しく宋の国で見てきたような禅寺の典座たる人の実質は全くなかった。建仁寺の典座という者たちは、典座職が仏事であることを知らないのだから、料理を作ることによって、仏道修行をするということなどあり得るはずもなかった。まことに憐れむべきことである。これも一に、仏道修行の上で「その人に遇わない」からである。そこでむだに時間を過ごし、いたずらに仏道修行を破っているのである。

建仁寺は栄西が建てた天台宗葉上流の寺院であったが、栄西はまた日本に初めて臨済の禅を伝えた禅師でもあった。だから、典座の職を置いてあった。だが、なまじっか典座という職名だけあって、禅院の典座職の何たるかを知る人のいなかった栄西滅後の当時の建仁寺のありさまが、道元の眼には憐れにも痛ましくも見えたのである。こうして、道元はやがて京都郊外の深草の地に本邦初めての中国流の禅院を建てるに至るのである。

今日、専門家として料理の道にたずさわる人々は数多くある。しかし、料理が仏事であり、料理によって人間としての大事な道の修行をするのだということを知っている人が、幾人いるであろうか。専門の料理人たる者、道元の嘆きをわが実存にじかに受けとめて、本当の料理の心に目覚むべきではあるまいか。私はそういう方の料理を味わってみたいと思う。

料理は原始的には人間が飢えを充たすための作業である。しかし、それだけでは動物と何も変わらない。それを料理の道にまで高めるところに、人間の人間たるゆえんがある。中国人は道を平常の生活の中に活かした。そして日本人はその平常の生活を、文化に芸術にまで高めた。道を文化・芸術にまで具体化したのは日本人である。そこに料理道がある。

〔三五〕 九拝の礼を知らざる典座

曾《かつ》て彼の寺の此《こ》の職の僧を看《み》るに、二時《にじ》の斎粥《さいしゅく》に、都《すべ》て事《じ》を管《かん》せず、一《いっ》の無頭《むず》脳《のう》、無人情《むにんじょう》の奴子《ぬす》を帯《たい》して、一切《いっさい》大小の事《じ》、総《すべ》て他《か》れに説向《せっこう》す。正を作し得るも、不正《ふしょう》を作し得るも、未だ曾つて去《ゆ》いて看せず。隣家《りんか》に婦女有るが如くに相似て、若《も》し去いて見ることを得ば、他《か》れ乃《すなわ》ち恥とし乃ち瑕《きず》とす。一局を結構して、或《ある》いは偃《えん》臥《が》し、或いは談笑し、或いは看経《かんきん》し、或いは念誦《ねんじゅ》して、日久しく月深けれども、鍋《か》辺《へん》に到らず。況《いわ》んや什物《じゅうもつ》を買い索《もと》め、味数《みすう》を諦観《たいかん》せんや。豈《あ》に其《そ》の事《じ》を存ぜんや。何《いか》に況《いわ》んや、両節《りょうせつ》の九拝、未だ夢にだに見ざらんぞ。時至って童行《ずんなん》を教うるに、也《ま》た未だ曾つて知らず。

現代語訳

かつて建仁寺で典座職を務める僧を見たが、典座でいながら、朝と昼の食事に、自分では一切手をくださず、一人の何の心得もない人足を使って、大小のすべてのことを、みんなその男に言いつけてやらせていた。正しくやっていようが、誤ってやっていようが、自分では行って見もしない。それはまるで、隣りの家に婦女がいるのを、行ってのぞくことを彼は恥とも瑕《あやま》ちとも思うかのようであった。典座寮として部屋を一つ構えながら、寝ころんだり、おしゃべりをしたり、お経を黙読したり、声に出して読んだりして、月日を重ねているけれども、鍋《なべ》のそばに行くことはない。まして料理の器物を買い求めたり、献立について思いめぐらしたりすることなどないのは、言うまでもない。どうして料理が仏事だなどということに考え及ぼうか。だから、朝昼二度の食事を禅堂に送り出す毎に九拝の礼をすることなど、夢にさえも知らない。こんなふうだから、時がきて少年僧に教える番に当たっても、やはり何も知らない。

解説

これが当時の建仁寺の典座職の人々の実態であった。彼らは、何一つ自分たちの手で料理を作ろうとはしない。何も分からない一人の人足をやとって、大切な僧院の食事のことを、大小となく一切その男に言いつけてまかなわせていた。正しくやろうが不正にやろうが、自分で料理場に行ってみようともしない。典座の職にありながら、料理場に行こうとしないことは、まるで隣家の婦女子をのぞきみることを恥じるかのようであった。確かに典座寮という部屋を構えてありながら、寝ころんだり、おしゃべりしたり、せいぜいお経を読誦する程度のことであり、自分で鍋のそばへ行くことはしない。料理の器物を買いに行ったり、献立を工夫したりすることなど思いも寄らぬ。彼らは、お経を読むことは仏道修行だと知っていても、料理することが仏事だとは露知らなかったのである。だから、作った二時の斎粥を僧堂に送り出す時の礼拝のこと（前出〔二二〕参照）など夢にも知らない。こんなふうだから、少年僧の教育の順番に当たっても、先輩の典座職として後輩に教えるべきことを何一つ知らないのである。

こうした人足まかせの建仁寺の典座たちを見るにつけても、道元には宋国の禅院で親しく接した天童山の用《よう》典座などの姿が、改めてまざまざと尊く思い出されるのであった。これはすでに前出の本文で学んだところであるが、重出を厭《いと》わず、ここに改めて書きとめておきたい。

慶元府出身の用《よう》という修行僧が典座の職に当たっていた。道元がある日の斎座のあと東の廊下を通って超然斎《ちょうねんさい》という建物へ行く途中、用典座が仏殿の前で、椎《しい》茸《たけ》を陽に干《ほ》していた。汗が流れてしたたり落ちるのに、精を出して一所懸命に椎茸を干している。少々苦しそうだ。背骨は弓のように曲がって、大きな眉は鶴のように真白である。道元はそれを見て、近づいて典座に年を尋ねた。

典座、「六十八歳になる」

道元、「どうして行者《あんじゃ》（寺男）や人足を使わないのですか」

典座、「他人は私ではない」

道元、「老僧は如法であられる。しかし、陽ざしがこんなに強い時に、どうしてそのように苦労されるのですか」

典座、「今でなくて、いったいいつ椎茸を干す時があろうか」

この言葉を聞いて、道元はもう口を開くのをやめた。「そのとき、私は、廊下を歩きながら、その一歩一歩に、ひそかに典座の職がどんなに大事なつとめであるかということを悟った」と、道元はみずから後に深く感懐をこめて書いている（〔二四〕参照）。

「他は是れ吾れに非ず」、他人のやったことは自分のつとめにはならない。道元は、かの建仁寺の典座たちのふるまいを心に憐れみながら、この用典座の言葉を改めてかみしめていたに違いない。

〔三六〕 人に遇う

憐れむべし悲しむべし、無道心の人、未だ曾《か》つて有《う》道徳《どうとく》の輩《ともがら》に遇見せず、宝山《ほうざん》に入ると雖《いえど》も、空手にして帰り、宝海《ほうかい》に到ると雖も、空身にして還《かえ》ることを。応《まさ》に知るべし、他《か》れ未だ曾つて発心《ほっしん》せずと雖も、若《も》し一の本分人《ほんぶんにん》に見《まみ》えば、則ち其《そ》の道を行得《ぎょうとく》せん。未だ一の本分人に見えずと雖も、若し是れ深く発心せば、則ち其の道を行膺《ぎょうよう》せん。既《すで》に両闕《りょうけつ》を以《もっ》てせば、何を以てか一益《いちやく》あらん。

現代語訳

道心のない者が有徳の人にめぐり遇ったこともなく、典座職という宝の山に入りながら、空手《てぶら》で帰り、宝の海に到りながら、何も身につけることなく空しく還るとは、何とも憐れむべき悲しむべきことである。

まさに知るべきである。本人がまだ一度も道心を発《おこ》したことがなくても、もし一人の本分の人、すなわち本来の自己を覚《さと》った人に遇ったなら、その職責を仏事として行なうことができたであろうということを。

また、一人の本分の人に遇わなかったとしても、もしみずから道心を発していたなら、その職責を親しく行なうことができたであろうということを。

本分の人にも遇わず、自ら発心することもなく、二つともないからには、何一つとして利益のあろうはずがないではないか。

解説

禅門では「人に遇う」ということを大事にする。

道元は弟子の懐奘《えじょう》に語った、「私は幼少の時、母親の死にあって、いささか道心を起こし、あまねく方々の寺に師をたずね、ついてはいったん入門した比叡山を下って、正しい仏道を学ぼうと建仁寺に身を寄せたが、それまでの間、正師《しょうし》にめぐりあわず、善友もなかったので、迷って邪念を起こした」。（『正法眼蔵随聞

記』巻五）

道元は、またみずからこうも書いている。

予、発心求法《ほっしんぐほう》よりこのかた、わが朝の遍方に知識をとぶらいき。ちなみに建仁の全公《ぜんこう》をみる。あいしたがう霜華《そうけ》、すみやかに九廻をへたり。いささか臨済の家風をきく。全公は祖師西《さい》和尚の上足《じょうそく》として、ひとり無上の仏法を正伝せり、あえて余輩のならぶべきにあらず。（『弁道話』）

私は、発心して法を求めて以来、わが日本のあらゆる地方に善知識（法の指導者）を訪ねた。そのおり建仁寺の仏樹房明全僧正にお目にかかった。そしておそばに仕えて修行すること、早くも九年の春秋がすぎた。その間、少々臨済の家風を学んだ。明全僧正は、わが国に臨済の禅を伝えられた祖師栄西僧正の第一の高弟で、ただひとり無上の仏法を正伝しておられた。ほかのお弟子たちは肩をならべることもできなかった。

——およそ、こんな意味であろう。

『弁道話』の著述を、こう書き始めた道元ではあったが、彼が本当に「その人に遇った」と思ったのは、宋の国天童山で如浄《にょじょう》禅師に相見《しょうけん》した時であった。彼はそのことを、その主著『正法眼蔵』の中で、こう書いている。

大宋宝慶《ほうきょう》元年乙酉《いつゆう》五月一日、道元初めて先師《せんじ》天童古仏を妙高台に焼香礼拝す。先師古仏初めて道元を見る。(「面授」)

道元大宋国宝慶元年乙酉夏安居《げあんご》時、先師天童古仏大和尚に参侍して、この仏祖を礼拝頂戴することを究尽《ぐうじん》せり、唯仏与仏《ゆいぶつよぶつ》なり。(「仏祖」)

道元が師の天童如浄に初めて出逢ったのは、中国の年号で宝慶元年(一二二五)の五月一日のことであった。この日、道元は天童山の妙高台に焼香礼拝して、如浄に相見の礼をとった。

それは道元が初めて「その人に遇った」というだけではなかった。「先師古仏初めて道元を見る」と、道元は書きとめている。

このとき如浄は、「仏々祖々の法門が現成した。これすなわち霊山《りようぜん》の拈華《ねんげ》（釈尊と迦葉《かしよう》の出逢い）である、嵩山《すうざん》の得髄《とくずい》（達磨と慧可《えか》の出逢い）である、黄梅《おうばい》の伝衣《でんね》（弘忍《こうにん》と六祖の出逢い）である。洞山の面授（雲巌《うんがん》と洞山の出逢い）である。これは、仏祖の眼蔵の面授であって、わが室内にだけあるものである。他の人は夢にさえ見聞きしないところである」と言った。道元もまた後に、「まのあたり先師を見る、これ人に遇うなり」（「行持」）と言っている。

こうして、道元は長い間求めてきた「正師」に邂逅《かいこう》することができた。彼はこの日の感激を、またこうも書いている。「私は何の幸いがあってか、遠方の外国人でありながら、入門を許されたばかりか、自由に室内に出入りして、師の尊容を拝し、法道を聞くことができました。愚かな私ではありますが、空しくしてはならない良縁を結んだことであります」（「梅華」）。

禅道仏法を修行する者にとって、こうした師弟の出逢いこそ、何よりの大事である。古人も「三年学ばずして師を選べ」と言った。

道元は言う、「私は宝慶元年、二十五歳の年に、先師（亡くなった師匠）天童如浄禅師に初めて相見して、以来参侍すること三年、禅師の導きによって、仏祖を礼拝することの大事を究め尽くした。これは〈唯仏与仏《ゆいぶつよぶつ》〉ということである」。

「唯仏与仏」というのは、道元の愛した言葉の一つで、『法華経』の「唯仏与仏、乃能究尽《ないのうくじん》、諸法実相」（ただ仏と仏とのみ、乃ち能く諸法の実相を究尽す）という句から取られている。それは仏と仏とだけが諸法の実相（存在の真実相）を究め尽くすことができる。そのことは仏と仏以外の者（すなわち、衆生）の間には不可能である、という意味である。

私はかつて小著『禅の人――私の出会った人生の師たち』（筑摩書房刊）の序文に書いた。「禅者として生きるとともに禅の思想家《シンカー》でありたいと念願してきた私ではあるが、生来不敏で、思想の上で特に自己の独創として誇るべきほどのものを持たない。私の思想はすべて、その折々に不思議に邂逅すべくして邂逅した善知識たる幾人かの師に学んだものである」。

それは何も思想だけのことではない。今日の私という人間のすべてが、そうした善き師との出逢いによって形成せられたと言って決して過言ではない。「人間は真の師に出会うことによって、真の自己に出会うのである。真に自己自身になるのである」と思う。

そのことは「料理」の道にとっても、また同じではあるまいか。専門の料理人として生きる人にとっても、同じように「その人に遇う」ことが大事なのではなかろうか。善き人に遇うことによってのみ、真に善き料理人になり得るという消息が、必ずあるはずであると私は思うものである。

そして、その師は一人ではない、いや一人であってはならない。

かつて私が般若道場に参じて、釈定光《しゃくじょうこう》老師の宗教改革思想にふれ、禾山《かさん》―戒光《かいこう》―定光―光龍一流の禅一辺倒に陥っていた時に、先師毒狼窟《どくろうくつ》堯道《ぎょうどう》老漢が、「病いは一師一友のところにある」という虚堂《きどう》老禅の語を引いて、禅における「歴参」（偏参）の大事を厳しく教えられたことを思い起こす。

〔三七〕利他すなわち自利

大宋国の諸山諸寺に、知事・頭首《ちょうしゅ》の職に居《い》る族《やから》を見るが如《ごと》きは、一年の精勤を為《な》すと雖《いえど》も、各《おの》おの三般《さんぱん》の住持を存し、時と与《とも》に之《こ》れを営《いとな》み、縁を競《きそ》うて之れに励む。已《すで》に他《た》を利するが如く、兼《か》ねて自利を豊《ゆた》かにし、叢席《そうせき》を一興《いっこう》し高格《こうかく》を一新し、肩を斉《ひと》しうして頭《こうべ》を競《きそ》い、踵《くびす》を継《つ》ぎ蹤《あと》を重んず。

現代語訳

たとえば、大宋国の諸山諸寺で、知事の職や頭首の職に就いている人々を見ると、一年の間その役を精勤するのであるが、めいめい三つのことを心に住《とど》め持《たも》って、時に応じてこれを営み、縁を競《きそ》うてこの職に励むのである。他人の利益のためにしているのであるが、それがそのまま兼《か》ねて自分の利益をも豊かにする。彼らの行為は修行の道場を興隆させ、禅門の風格を一新するのである。そして古人と肩を並べて先頭を競い、古人のすぐあとに続いてその行跡を大事にするのである。

解説

インド以来、夏安居といって、比丘たちは雨季三カ月の間は、一カ所に留まって禁足修行するのが習わしである。中国の禅林では、これを雨安居《うあんご》といい、さらに雪《せつ》安居《あんご》といってこれに冬季三カ月の禁足修行期間を加えることになった。今日、日本の禅院では、これを、それぞれ夏夏《なつげ》・冬夏《ふゆげ》（「夏」は、インドの雨季の「夏安居」に因《ちな》んで、〝禁足修行期間〟の意）と呼んで、一年を二夏《にげ》に分けている。役位も夏ごとに交替し、半年間の勤めである。しかし、宋代の中国の禅院では、「一年の精勤」であったことが、道元のここの文で知られる。

各自「三般の住持」（三種の心得）を存しというのは、ここの文章だけでははっきりしないが、すぐ次の「已に他を利するが如く兼ねて自利を豊かにし」「叢席を一興し高格を一新し」「肩を斉しうして頭を競い踵を継ぎ蹤を重んずる」ということだとする説（本光《ほんこう》）と、後の〔四〇〕に出る「喜心《きしん》・老心《ろうしん》・大心《だいしん》」のことだとする説（面山《めんざん》）と、古人の解釈は二つに分かれている。
ここでは、一応本光和尚の説に従っておく。中国の禅院の役位たちは、その職に尽くす心得として、「第一に他人すなわち大衆のために働きながら、そのことが同時にかねて自分の修行になり徳を積むことになる。第二に、それによって修行の道場を盛んにし禅門の風格を向上させる。第三に、先にその職にあった古人と肩を並べて競いあう心がけをもって、古人のすぐ後に続いてその行跡をお手本として大事にした」というのである。
道元は『正法眼蔵』「菩提薩埵四摂法《ぼだいさつたししょうぼう》」の巻に言う。

愚人思わくは、利他を先とせば、自らが利、省《はぶ》かれぬべしと。然《しか》にはあらざるなり。利行《りぎょう》は一法なり、あまねく自他を利するなり。

愚かな人は思うであろう。他人の利益を先にしたら、自分の利益が省かれるだろうと。決してそんなことはない。「利行」は唯一の仏法であって、自も他もあまねく利益するのである——というのである。

自己の職責を果たすことは、他を利することであって、同時に自己を利する修行であり、そのことによって道場が興隆し、仏祖の高風を実現できる。そのために、昔の偉大な先輩の行跡を尊重して、それと肩を並べ道行を競いあうことを心得とするのである。

道元は建仁寺の無知無道心の典座職と比べて、自分が親しく見てきた中国の諸禅院の役位の僧たちの修行のありさま、その心がけを、ここに改めて紹介して讃仰するのである。

〔三八〕長者窮子《ぐうし》

是《ここ》に於《お》いて応に詳《まさ》かに《つまびら》すべし、自《じ》を見ること他の如くなる痴人《ちにん》あり、他を顧《かえり》みること自の如くなる君子あることを。古人云く、「三分《さんぶん》の光陰、二早く過ぐ、霊台一点《れいだいいってん》も揩磨《かいま》せず。生《しょう》を貪《むさぼ》り日を逐《お》うて区々《くく》として去る、喚《よ》べども頭《こうべ》を回《めぐ》らさず争奈何《いかん》せん」と。須《すべか》らく知るべし、未だ知識に見《まみ》えざれば、人情に奪わるることを。憐れむべし、愚子《ぐし》、長者所伝の家財を運び出して、徒《いたず》らに他人面前の塵糞《じんぷん》と作《な》すことを。今は乃《すなわ》ち然《しか》あるべからずか。

現代語訳

ここで、はっきりさせておかねばならないことがある。それは自分のことを他人事のように見る愚か者もあり、他人のことを自分のことのように大事に思う君子人もあるということである。古人も言われた、「人生の三分の二の時間は、早くも過ぎた。それなのに、少しも霊性を磨こうとせず、ただその日その日の生を貪《むさぼ》ってあくせく過ごしている。反省を促しても、ふり向こうともしないのを、どうしよう」と。よい指導者にめぐり合わぬと、凡夫の情に奪われてしまうということを、ぜひ知らなければならない。長者の愚かな息子が、家重代の貴重な財宝を運び出して、むなしく他人の面前の塵糞のようにしてしまうことは、何とも憐れむべきことである。今こそ、そうあってはならないのではないか。

解説

以上述べたことから、道心のある者と道心のない者との違いをはっきり見究めなければならない。建仁寺の典座職の人々のように、自己の大事な典座職の仕事をまるで他人事のように見ている愚人もあり、中国の諸禅院の役位たちのように、他人の身の上をあたかも自分のことのように大切に思う君子人もあるのである。古人すなわち雪竇重顕《せっちょうじゅうけん》禅師の『祖英集』に、次のような詩偈《しげ》がある。

三分の光陰二早く過ぐ。
霊台一点も揩磨せず。
生を貪り日を逐うて区々として去る、
喚べども頭を回らさず争奈何《いかん》せん。

典座の職にある者は、即今只今の典座の勤め以外に修行はない。それなのに、もう一年の役職の三分の二が早くも過ぎたというのに、磨けば玉となるべき霊性を少しも磨こうともしない。目前の生を貪って一日一日あくせく快楽を逐うている。その憐れむべき無道心の生活を親切に注意してやっても、一向にふりむこうともせぬ。こんな人々は全くどうしようもないではないか。そこで我々は、この雪竇禅師のような善知識、すなわちよい指導者にめぐりあうことが大事だということになる。そうでないと、ただ世間の凡情に自己を奪われて、真の人生を知らず修行の何たるかも知らぬままで、生涯を終ることになるであろう。それはちょうど『法華経』の「信解品《しんげぼん》」に見える「長者窮子《ぐうし》」のような憐れむべき生きざまと言わねばならない。

昔、インドに量り知れない財宝を持っている長者（資産家）がいた。その長者には一人息子がいたが、幼い時に人さらいにでもあったか、父の家から離れて、五十年も諸国を流浪していた。そして、その果てに、父の家とも知らずに、わが家の門前に立って食を乞うた。老いた父の長者は、それを見て一目でわが子と分かったが、現在のわが子は憐れな乞食である。今すぐにも親子の名乗りをしたいが、そんなことができないほど、実のわが子は身も心もおちぶれて、ただもう長者を怖れている。そこで長者は方便をもって、わが息子を掃除人夫として雇い入れた。そして彼に毎日塵糞の掃除をさせた。そしてだんだん教育して、次第に高級な仕事をさせ、やがて彼が実力を身につけ得た時に、実は長者の息子であることを天下に公表して、ついに全財産を譲った、という話である。

白隠禅師も、そのことを『坐禅和讃』で、次のように歌っている。

衆生本来仏なり、
水と氷の如くにて、
水を離れて氷なく、
衆生のほかに仏なし。

衆生近きを知らずして、
遠く求むるはかなさよ。
長者の家の子となりて、
貧里に迷うに異ならず。

長者とは仏陀のことであり、窮子とは衆生のことである。人間はみな仏の子である。無上の仏道を悟って、仏の位に入るべき者である。我々はそれを知らずに、父を捨て家を捨てて貧里に迷っている。無量の財宝の持ち主でありながら、あたらそれを塵糞となして他人の面前にまき散らしている。

典座職に当たる者も、建仁寺の僧侶たちのように、その大事な役位の意味を知らずに、あたら「宝の山に入りながら空手にして帰り、宝の海に到りながら空身にして還る」ようなことがあってはならない。自分の今までの説法で、典座職すなわち料理の道に携わることが、人生にとってどんなに大切なものかということを知ったからには、もう今はそんな無自覚無道心なことは許されない——と、こう道元は言うのである。

〔三九〕洞山麻三斤

嘗《かつ》て当職前来《ぜんらい》の有道を観るに、其《そ》の掌《しょう》其の徳 自《おのずか》ら符《かな》う。大潙《だいい》の悟道も、典座の時なり。洞山《とうざん》の「麻三斤《まさんぎん》」も、亦《ま》た典座の時なり。若《も》し事《じ》を貴《たっと》ぶべくんば、悟道の事を貴ぶべし。若し時《じ》を貴ぶべくんば、悟道の時を貴ぶべきもの歟《か》。事《じ》を慕《した》い道《どう》に耽《ふけ》るの跡、沙《いさご》を握りて宝と為《な》すも、猶《な》お其の験《しるし》あり。形を模《も》して礼を作《な》すも、屢《しば》しば其の感を見る。何《いか》に況《いわ》んや、其の職是《こ》れ同じく、其の称《しょう》是れ一なるをや。其の情、其の業、若し伝うべきものならば、其の美、其の道、豈《あ》に来らざらんや。

現代語訳

これまで典座の職を勤められた道心のあつい方々を観ると、その職責とその道徳とが、ぴたりと一致していた。潙山《いさん》禅師が大悟されたのは、典座の職を勤めておられた時であった。洞山禅師が「麻三斤」という有名な語をはかれたのも、また典座の職に就いておられた時であった。もし何かの事《こと》を貴ぶべきだというならば、悟道の事を貴ぶべきであろう。もし何かの時《とき》を貴ぶべきだというなら、悟道の時を貴ぶべきではないか。仏事を慕い、仏道に専念した先例は、砂遊びの子供が、砂をまるめて握って仏の鉢に供えても、やはり霊験《れいげん》があった。また仏の形をまねて像を作って礼拝しても、しばしば感応《かんのう》が現われた。まして、典座職を勤める者は、その職責も、その名称も、古人と全く同じではないか。古人の心がけ、古人の行為が、もし承《う》け嗣《つ》ぐことができるものならば、その美《よ》き行跡や、その悟道が、どうして我々の上に現われてこないことがあろうか、きっと現われてくる。

解説

先人の行跡を観ると、典座の職責とその職に当たった人の道徳とが、符節を合するように一致していたと言って、道元はここでもすぐれた典座職の実例を挙げる。

後の潙山禅師は百丈禅院で典座をしていた。ある日、方丈（師の百丈の居間）

に行って、師のそばに立った。百丈は「誰か」と尋ねた。潙山は、「霊祐《れいゆう》です」と答えた。百丈は言った、「お前、炉の中の灰を探ってみよ。火があるかどうか」。潙山は灰の中を探って、「火はありません」と答えた。百丈は、自分で立って灰の中を探って、ほんの少しの火を取り出して、潙山に示して言った、「これは火ではないか」

潙山はこの師の言葉に、はっと悟って、礼拝して自分の見解《けんげ》を述べた。百丈は言った、「それは一時の小さな悟りにすぎない。経典にも、『仏性を見んと欲せば、当《まさ》に時節因縁を観ずべし』とある。時節既《すで》に至れば、迷っていたのが、はっと悟る、それは忘れていたものがふっと思い出されるようだ。自覚すれば、本来自分の持っていた物である。他から得るものではない。だから、祖師も言われた、『悟り了れば未悟に同じ。無心にして無法を得る』と。ただ虚妄《こもう》なく凡聖《ぼんしょう》等しく、本来の心を心とする。法はもともと自ら備足するものである。お前は今すでにそれに気づいた。よく自らその心境を護持せよ」

司馬頭陀《しばずだ》という、人相や地相にくわしい者がいて、百丈山に来て、湖南に潙山という奇絶の地があると言った。百丈が、「それなら私が行って道場を開こう」と言うと、頭陀は、「潙山は千五百人の雲水を集め得る地だから、和尚ではダメだ」と言う。百丈が「なぜか」と訊くと、頭陀は言った、「和尚は骨人で潙山は肉山だ。和尚が行かれても雲水は千人に満たないだろう」。五百人分、和尚では不足だというのである。そこで、百丈が「私の弟子の中で、その潙山の住持となり得る者はいないか」と訊いた。頭陀は、「では、一人ずつテストしましょう」と言う。そこで、百丈は侍者に首座《しゆそ》（第一座）を喚んでこさせて、「この者はどうだ」と問うた。頭陀は首座にせきを一つさせて数歩歩かせて答えた、「この者ではダメです」。重ねて典座を喚んでこさせた。頭陀は一見して、「この者こそ、まさしく潙山の主です」と言った。

百丈はその夜、典座の霊祐を召して入室《につしつ》させて言った、「私の教化の縁は、ここにある。潙山は勝境だ。お前はかの地に住んで、わが宗を嗣いで広く後学を済度せよ」

そのとき首座の華林《かりん》がこれを聞いて、「私は忝《かたじけ》なくも雲水中の第一座の地位にいます。なんで私をさしおいて後輩の祐公が潙山の住持になれるのですか」と、不服を唱えた。そこで百丈は、「もし大衆の前でよく一語を下《くだ》し得て出格であったら、潙山の住持にしよう」と言って、すぐに浄瓶《じんびん》（水がめ）を指して尋ねて言った、「これを浄瓶と喚んではならぬ、と言ったら、お前は何と喚ぶか」。首座の華林は、これに対して、「棒切れと喚ぶこともできますまい」と言った。百丈はこの答えを肯定せず、そこで典座の霊祐に問うた。霊祐は浄瓶を蹴倒した。百丈は笑って言った、「第一座はあの山だしの典座に負けた」。その結果、霊祐を潙山の主とした。（『伝燈録』巻九「潙山」章）

道元はこれを『知事清規《しんぎ》』にも、「典座の時に大事を発明せし例」として掲げている。

この話は『無門関』の第四〇則にも公案として出ている。なお、次の洞山の話も、同じく『無門関』の第一八則（『碧巌録』第一二則にも見える）の公案として有名なので、ここにはその全文を私の現代語訳で紹介してみよう。

洞山守初和尚は、僧が、「どんなのが仏ですか」と尋ねたので、「麻三斤だ」と答えた。

無門は評して言う――

洞山老人は少しばかりの〝はまぐり禅〟に参じ得て、二つの貝殻を開くや否や腹の中をさらけ出した。それはそうだが、まあ言うてみよ、どこに洞山を見るか。

頌《うた》って言う――

「麻三斤」と突き出した、

その言葉は親しいが、その心持ちはもっと親身だ。

やって来て是非を説く者は、

とりもなおさず是非の人だ。

洞山守初は雲門の法嗣《はっす》で、曹洞宗の開山の洞山良价とは別人で、ずっと後代の人である。あるとき一僧に、「仏とは何か」と尋ねられて、たぶんそのとき庫裡《くり》（台所）で麻を秤《はか》っていたのであろう、「麻三斤」だと答えた。

その僧は洞山の法姪《ほうてつ》（法の上の甥）に当たる智門《ちもん》の所へ行って、「洞山和尚に、仏を問うと、麻三斤だと答えられたが、どんな意味でしょうか」と訊いた。智門は、それに対して、「花が群がり咲いて錦を織りなしたようだ」と答えた。僧が、「分かりません」と言うと、智門は言った、「南地の竹、北地の木だ」。その僧は、ますます分からなくなって、ふたたび帰って、洞山に問うた。洞山は、これに対しては、「言《げん》は事を展《の》ぶることなく、語は機に投ぜず。言を承《う》くる者は喪《うしな》い、句に滞《とどこお》る者は迷う」と言った。言語は事実を伝えず、悟りの機会とはならぬ。言句についてまわる者は真実を失い、ますます迷うばかりである。言葉についてまわらないで、「麻三斤」と吐《は》き出した洞山その人の心境にじかに迫ることが大事だというのである。

ともかく、この有名な「洞山麻三斤」の公案も、洞山守初が典座の時の話だと、道元はそう言うのである。

先に潙山にひけを取った百丈禅院の首座、すなわち、後の華林和尚の名誉のために、いま一つ面白い話を紹介しておこう。

さすが百丈の首座を勤めただけあり、華林和尚も決して只者ではなかった。まして男子十日も逢わねば旧日の観をなす勿《な》かれだ。後に譚州の華林に住したとき、黄檗《おうばく》門下の居士裴休《はいきゅう》が訪ねると、和尚一人で他に人が見えないので、「侍者はいないのですか」と訊くと、「二人ほどいるが、俗人には逢わせられん」と言う。裴休が、「どこにおられるのです。ぜひともお目にかかりたい」と言うと、華林和尚は大声で、「大空よ、小空よ」と呼んだ。すると、声に応じて二匹の大虎が、庵の後ろからのっそりと出て来て、「うおーっ」とほえたという。

この因縁から、禅者では隠寮《いんりよう》の侍者のことを「二空」と呼び、老師への手紙の脇づけに「○○老大師二空下」と書く習わしがある。

釈尊が、ある日、町の大路に行かれたところ、そこに二人の子供が砂遊びをしていた。その一人は闍耶《じやや》という名であり、他の一人は毘闍耶《びじやや》といった。二人の子供は釈尊が来られるのを見て、闍耶は砂を握って糗《ほしいい》として献げて仏の鉢の中に入れた。毘闍耶は、それに随喜して合掌した。そのとき釈尊は侍者の阿難《あなん》に言われた、「この児は、私が涅槃《ねはん》に入って後百年して、波吒利弗《はたりほつた》多城に生まれ、阿育王《アショーカ》と名づけられる転輪聖王《てんりんじようおう》となり、正法を信じ大いに世に弘めるであろう」

また、釈尊は優填王《うてん》が、「私は如来の滅後に、仏の形像を作って、恭敬《くぎよう》しようと思います。どんな福があるでしょうか」と問うたのに対して、「もし仏の形像を作って礼拝する者は、生まれるたびに眼目浄潔にして面目端正、身体完好にして、死んで後は、第七梵天に生まれて、端正無比である」と言われた。

小児の戯れや模造の仏像の礼拝にも、感応霊験があるというのである。

料理を作るなどということは人生の大事ではない、と世間の人々は考える。しかし、禅院の典座職に就いた先人には、その職責と人徳と符合した偉い人がいた。潙山霊祐がそうだったし、洞山守初がそうだった。

もしこの世で真に貴ぶべき事があるとすれば、それは悟道の事だ。また真に貴ぶべき時があるとすれば、それは悟道の時だ。仏事を慕い仏道に専念した先例は、子供が砂を握って仏の鉢の中に献じた功徳で、アショーカ王として生まれて後世に仏法を全インドに弘める聖王となり、また仏像を作って礼拝しても初禅天に生まれる功徳を得るという、そんな霊験があった。まして、典座職を勤める者は、その職もその名も、あの潙山や洞山という古人と全く同じではないか。古人の心がけや行ないが伝え得るものなら、その行跡その悟道が、今日の我々料理する者に実現しないはずはない。——こう道元は教えるのである。

もし皆さんが料理の道に携わりながら、その功徳が現われないというなら、それは一つに皆さんの真心が不足しているからである。

洞山良价に「吾常於此切」(われ常にここにおいて切《せつ》なり)の語がある。「切」とは、どういう心であろうか。「親切・痛切・切実・切切」などという時の「切」である。適切な日本語訳が見当たらない。洞山の先の語は、「常に自己を無にして、即今即今に仏心そのものになりきって、今ここを真心いっぱいで生きている」とでも訳するよりほかはない。

「切」の一字を、強いて訳すなら、〝無私の真心〟とでも言うよりほかにないと思う。「至誠」は「無我」(空)の人格から出る。仏教は徹底して「無我」の教えである。夜郎自大の「大我禅」では、世界の心ある人々の禅への関心をつなぎとめることはできない。禅がこうした至誠の人格を涵養《かんよう》できないとしたら、きっと近い将来に、禅も仏教もこの地上から亡び去るよりほかないであろう。どんなに物好きの外国人の一部が「ゼン・ゼン」と騒ごうとも、せいぜい泡沫のごとき一時のブームに終るほかないであろう。

これについて思い起こすのは、ある禅界の元老が、その晩年、当時評判の禅将が訪ねられた直後に、「あの男はいかん。まだしも○○のほうがよい」と言われたという秘話である。第三者が見て、先の禅将と後の○○とでは、大関とふんどしかつぎほどの力の差がある。それなのに、先の元老はどこを見て、こんな批評をされたのであろうか。これは私には長い間、真剣に取り組まされた生きた公案であった。

かの元老はきっと洞山禅師の「われ常にここにおいて切なり」という一句の心が、禅には何よりも大事なのだ、と教えられたのではなかろうか、と、やっと思い当ったことであった。臨済の禅者は、ともすれば、「無位の真人」の実現を〝大我〟の鍛錬と思い誤り、何か力《パワー》が禅だと間違ってしまう弊に陥りやすい――これは、今日禅界の代表的地位にある禅匠の言葉である。禅は〝大我〟でなく〝無我〟でなければならない。

「一点なお自己を信ずるの念のある間は、未だ真正の宗教心とは言えない」「誠こそ東洋精神の真髄である」とは、西田寸心《すんしん》（幾太郎）先生の言葉であった。

十界と六道輪廻の思想

大乗仏教では「十界《じっかい》」といって、我々の住む世界を十に分ける。そして、さらにそれを「六凡《ろくぼん》・四聖《ししょう》」といって、六つの凡夫の世界と四つの聖人の世界に分ける。

六凡とは、地獄《じごく》・餓鬼《がき》・畜生《ちくしょう》・修羅《しゅら》・人間《にんげん》・天上《てんじょう》の「六道」（または「六趣」）をいう。

六道

地獄（奈落）
餓鬼（霊鬼）
畜生（動物）
修羅（神々の敵たる魔神）
人間（人類）
天上（神々の世界）

四聖とは、声聞《しょうもん》・縁覚・菩薩《ぼさつ》・仏《ぶつ》である。

四聖

声聞（小乗の羅漢）
縁覚（同。辟支仏《びゃくしぶつ》）
菩薩（大乗の求道者）
仏（自利・利他円満者）

四聖は悟りの世界で、「声聞」とは釈尊の説法を聞いて悟った者、すなわち「阿羅漢」で、「縁覚」は釈尊の説法を聴くことなく、釈尊と同じく縁起の法を悟った者の意で「独覚」ともいう。しかし、この二者は自己の救い（自利）だけで満足しているので「小乗」と貶《けな》され、他の救いを先とする「大乗」の「菩薩《ぼさつ》」より劣る者とされる。最後の「仏陀」は、自利利他・自覚覚他《じかくかくた》、悲智円満者といわれて、妙覚果満の究竟位《くきょうい》とされる。

これに対して六凡は迷いの世界で、「地獄」は天界が天空にあるのに対比して地底にあるとされ、楽しみの全くない苦しみの最たる世界である。「餓鬼」はもとは死者の霊の意で、死者は自ら食事する能力がないので、子孫の供養がないと飢えてしまう。また餓鬼道に堕ちると、食べようとする物、飲もうとする物が、直ちに火となるので、永遠に飢えて渇いていなければならないので、常に外に何かを求めてやまない者を広く餓鬼という。子供のことを餓鬼というのは、学校から帰るなり、ランドセルを投げ出して「母さん何かない」と言って、常に飢えているようだからである。「畜生」はアニマルと訳されるように、犬や猫のように、人前もはばからず恥知らずな行ないをする者の意である。「修羅」は、くわしくは「阿修羅《あしゅら》」といって、「天」が善神であるのに対して、常にそれと戦う、戦争好きの「非天」といわれる悪神をいう。しかし一方では、天竜八部衆の一に数えられる、一種霊力をそなえた存在で、人間・天上とともに仏の教えを聴く耳をもつものとして評価される。「人間」は「きのふは悟りけふは悟らず秋の暮」(吉田紘二郎)といわれる、実にかわいい存在をいう。「天上」は神々の世界で、人間より上等な天上の世界であるが、これはまだ迷いの世界だから、過去の善因が尽きると、いつ他の五道に堕ちるか分からない。ちょうど久米の仙人が小川で洗濯をしている若い乙女の白いふ、く、ら、は、ぎを見て、雲の上から下界に堕ちたように、弓勢《ゆんぜい》のある間だけ空中を飛ぶ矢のように、いずれは前五道のどこかに堕ちる。

二千五百年前の北インドの民衆は、「因果はめぐる小車の」といって、善因善果、悪因悪果で、車輪が廻るように、生まれ変わり死に変わり、輪廻転生して、永遠に苦しみの世界を生死《しょうじ》すると考えた。しかし、釈尊がこうした生死輪廻ということを事実として信じていられたとは考えられない。なぜなら、釈尊はこうした生死を解脱した悟りの世界にこそ生きていられたのだから。しかし、仏教はこうした輪廻思想を抱いていた民衆たちに向かって悟りの法を説いたので、輪廻思想は仏教とともに東アジアの世界に永い間伝えられた。

「生死《しょうじ》」というと、ふつうには一個の生物の生命の存続する間をいう。これを仮に「一期《いちご》の生死」というなら、もう一つ「刹那《せつな》の生死」とでもいうべき生死がある。今日の我々は、現在は人間だが死んだら地獄か天上に生まれ変わるなどということは信じがたい。だが一方「一期の生死」のなかで、一念一念「刹那の生死」を繰り返す事実は、否定できない。坐禅でもしている時は天上界だが、おなかがすけばすぐに餓鬼道に堕ちるし、夜になると燃えたつ煩悩のとりことなって、異性を恋うて畜生道に堕ちる。こうした意味での輪廻なら、現代人といえども否定できないであろう。釈尊もまたこうした生死の苦からの解脱、すなわち涅槃《ねはん》を求められた。そして期《はか》らずも菩提《ぼだい》の悟りを得られたのである。そこに菩提《さとり》の教え、すなわち仏陀の「法」が開かれたのである。

因《ちな》みに、仏教の天上界にはインドの古い神々が「三十三天」の名で組み込まれている。その大将が三十三天の主「帝釈天」である。「天帝釈」ともいって、仏陀を守護し、仏法を保護して後世に伝えることを任務としている。帝釈天は須弥《しゅみ》山頂の忉利《とうり》天《てん》に宮殿をもつとされる。

なお、須弥山を中心とする東西南北の四大州を統治する地上の大王が「転輪聖《てんりんじょう》王《おう》」である。これは如来と同じ相をそなえるといわれるインド古代の理想の聖天子である。

〔四〇〕喜心をもつ

凡《およ》そ諸《もろ》もろの知事・頭首《ちょうしゅ》及び当職、作事作務《さじさむ》の時節、喜心《きしん》・老心《ろうしん》・大心《だいしん》を保持すべき者なり。謂《いわ》ゆる喜心とは、喜悦《きえつ》の心なり。想うべし、我れ若《も》し天上に生《しょう》ぜば、楽《らく》に著《じゃく》して間《ひま》なく、発心《ほっしん》すべからず、修行未だ便ならざらん。何《いか》に況《いわ》んや、三宝供《さんぼうく》養《よう》の食《じき》を作るべけんや。万法《まんぼう》の中《うち》、最尊貴なるものは三宝なり、最上勝なるものは三宝なり。天帝も喩《たと》うるに非《あら》ず、輪王《りんのう》も比《ひ》せず。『清規《しんぎ》』に云く、「世間の尊貴・物《もっ》外《がい》の優閑《ゆうかん》・清浄無為《しょうじょうむい》なるは、衆僧《しゅぞう》を最《さい》と為《な》す」と。今吾《わ》れ幸《さいわい》に人間に生まれて、此《こ》の三宝受用《じゅゆう》の食《じき》を作ること、豈《あ》に大因縁に非ざらんや。尤《もっと》も以《もっ》て悦喜《えつき》すべき者なり。

現代語訳

およそ、もろもろの知事・頭首およびこの典座の職を勤める禅院の役位の者は、その職責とする仕事をするとき、「喜心・老心・大心」という心を保ち持つべきである。

いわゆる「喜心」とは、喜悦《よろこび》の心である。想ってもみよ、自分がもし天上界に生まれていたならば、そこは楽しみの世界だから、常に楽しみに心を執《とら》われて、菩提《ぼだい》心《しん》を発《おこ》すこともないに違いない。それでは修行するのに都合が悪いであろう。まして、仏・法・僧の三宝を供養する食事を作ることなどあろうはずもない。すべての存在のなかで、最も尊いのは三宝である。尊い帝釈天も、三宝の尊さには喩《たと》えることができないし、転輪聖王という理想の天子でも、三宝の尊さには比べることができない。『禅苑清規』にも、「この世の中で最も尊く、世俗の外に超絶して心ゆたかに静かで清らかで、人間のいとなみのないのは、僧侶たちをもって最上とする」とある。今、自分は幸せにも人間として生まれて、この尊い三宝の身に受け用いられる食事を作ることは、なんとありがたい大因縁ではないか。これこそ、とりわけ悦喜《よろこぶ》べきことである。

禅院において知事や頭首職に就く者、およびこの典座職に従事する者は、その職責を果たすに当たっては、喜心・老心・大心の「三心」を保持すべきである。——こう言って、道元は以下にこの三心について詳しく説明する。

まず「喜心」とは、喜悦の心だ。思ってもみよ、私がもし天上界に生まれていたら、間断なき楽しみに執着して、菩提を求めて発心することなどあり得なかったであろう。これでは修行の便宜がないことになる。

というのは、先に述べた六道のうちで、地獄・餓鬼・畜生の三つを「三悪道」といい、これに修羅を加えて「四悪趣」というが、この三悪道と四悪趣は、楽しみはなく苦しみだけある世界である。それに対して人間界は苦しみと楽しみの相半ばする世界である。苦痛がなく快楽だけの天上界では、道を求めて発心する機会がない。逆に苦痛だけの世界では、これまた道に志す余裕がないであろう。だから、人間界に生まれたということは、何にもまして悦ばしいことである。どうしてこれを喜ばずにいられようか。

まして、三宝を供養する食事を作るというよい因縁に恵まれることなど、天上界では決して望み得ないであろう。すべての存在のうちで、最も尊貴なもの、最も上勝のものは、仏・法・僧の三宝である。三宝の尊さに比べると、三十三天の主である帝釈天も、地上の聖天子である転輪聖王も、ものの数ではない。今、私は幸いにも、人間界に生まれて、この三宝が受用される食事を作る典座の職に就いている。なんと喜ぶべき大因縁ではないか――料理の道にたずさわる者は、こういう喜びの心をもって、事に当たるべきである。

〔四一〕料理の道に幸あれ

又《ま》た想うべし、我《わ》れ若《も》し地獄・餓鬼《がき》・畜生《ちくしょう》・修羅《しゅら》等の趣《しゅ》に生まれ、又た自余《じょ》の八《はち》難処《なんしょ》に生まれば、僧力《そうりき》の覆身《ふくしん》を求むることありと雖《いえど》も、手《て》ずから自《みずか》ら供養三宝《くようさんぽう》の浄食《じょうじき》を作るべからず。其《そ》の苦器に依って苦を受け、身心を縛《ばく》せられん。今生《こんじょう》既に之《こ》れを作る。悦ぶべきの生《しょう》なり、悦ぶべきの身なり。曠大劫《こうだいこう》の良縁なり、朽《く》つべからざるの功徳なり。願わくは万生千生《ばんしょうせんしょう》を以《もっ》て、一日一時に摂《せっ》し、之れを弁ずべく之れを作るべし。能く千万生の身をして良縁を結ばしめんが為なり。此《か》くの如き観達するの心、乃ち喜心なり。誠に夫《そ》れ縦《たと》い転輪聖王《てんりんじょうおう》の身と作《な》るとも、三宝を供養する食を作るに非《あら》ざれば、終《つい》に其《そ》れ益なし、唯《た》だ是《こ》れ水沫泡焔《すいまつほうえん》の質なり。

現代語訳

また、想いみよ。もし自分が地獄・餓鬼・畜生・修羅などの、悪趣といわれる世界に生まれたり、またそのほかの八難処といわれる、仏道修行をすることのできない世界などに生まれたならば、僧であるが故にもつ威神力で自ら助けられようと思っても、親しく手をくだして三宝を供養する清らかな食事を作ることなど、とてもできないであろう。それは、それぞれ苦しみを受ける器《うつわ》によって苦しみを受け、身心を縛られているからである。今、幸いに自分は人間界に生まれきて、三宝を供養する食事を作っているということは、悦ぶべき人生である、悦ぶべきわが身である。永遠に尽きない良い因縁である、朽《く》ちることのあり得ない功徳である、と言わねばならない。願わくは、いくたびか生まれ変わり死に変わって、千年も万年も続くこの生命をもって、それを即今のこの一日一時に摂《おさ》めて、只今のこの食事を調理し作るべきである。それは、千生万生の身に、仏法の良縁を結ばせるためである。このように観徹する心、それが実は「喜心」というものである。まことに、たとえ転輪聖王の身に生まれても、三宝を供養する食事を作るのでなければ、結局何の益もなく、ただ水の泡か炎のようなものにすぎないであろう。

また、思ってもみよ。もし私が「三悪道」とか「四悪趣」とか、また「八難処」とかいう、仏道修行のできがたい所に生まれたならば、いかに自ら僧侶という尊い仏縁に守られることを願っても、親しく手ずから三宝を供養する清浄な食物を作る典座の仕事などできはしなかったであろう。それは、「苦器」すなわち四悪趣に生まれた苦しみの器（すなわち「身」）を受けたことによって苦しみを受け、身心を縛られているからである。

「三宝」というのは、真理を悟った「仏」と、その仏の説いた教え（真理）である「法」と、それをわが身に住《とど》め持《たも》つ「僧」の三つの世間の宝をいう。また「八難処」は、仏法を修行することのむずかしい八つの境遇で、地獄・餓鬼・畜生の三悪道と、楽しみの多すぎる辺地と長寿天、それに仏前仏後（二仏の中間で見仏聞法《けんぶつもんぼう》がむずかしい）・世智弁聡《せちべんそう》（世間の知恵がありすぎて聞法がむずかしい）・盲聾瘖啞《もうろういんあ》（身体が不自由なために見仏聞法がむずかしい）の八つをいう。

今、私は人間として生まれ、しかも典座の職に就いて、三宝を供養する食事を作っている。まことにこれは喜ぶべき生涯である、感謝すべき身である。永遠の良縁である、朽ちることのない功徳である。

願わくは、永遠に輪廻を繰り返す万生千生を、今日のこの一時に凝集して、只今の料理を作るべきである。それは永遠に転生する千生万生の身をして仏道成就の良縁を結ばせるためである。

このように観達する心こそ、実に「喜心」というものである。転輪聖王の身となっても、三宝を供養する食事を作るのでなかったら、結局何の利益もない。ただ水の泡か炎のような、はかない存在にすぎない——以上が「喜心」の説明である。要するに、料理人たる者、人間に生まれて、尊い人命を養う料理の仕事にたずさわる自己の職責に対する喜びを深く観じて、永遠の生命をこの一日一時の調理に摂めて事に当たれ、というのである。

世には「死の商人」と言われるような、戦争のための武器を造る悪魔の職業に就いている人もいる。それに比べて、人の命を養う料理の道に従事する大事な職に就き得た勝縁を思うべきである。こうした喜びの心、この料理人たる自負の心があってこそ、はじめて目前の一日一時に永遠を感得する心境も開けてくる。「料理の道に幸あれ」である。

〔四二〕 老心をもつ

謂《いわ》ゆる老心とは、父母の心なり。譬《たと》えば父母の一子《いっし》を念《おも》うがごとく、三宝《さんぽう》を存念《ぞんねん》すること、一子を念うが如くせよ。貧者《ひんじゃ》・窮者《ぐうしゃ》も、強《あながち》に一子を愛育す。其《そ》の志《こころざし》如何。外人《がいにん》識らず、父と作《な》り母と作《な》って、方《まさ》に之《こ》れを識る。自身の貧富を顧みず、偏《ひとえ》に吾《わ》が子の長大ならんことを念う。自の寒きを顧みず、自の熱きを顧みず、子を蔭《かば》い子を覆《おお》いて、以て親念切切《しんねんせつせつ》の至りと為《な》す。其《そ》の心を発《おこ》す人、能く之れを識り、其の心に慣《なら》う人、方《まさ》に之れを覚《さと》る者なり。然あれば乃《すなわ》ち水を看《み》、穀《こく》を看るに、皆な子を養うの慈《じ》懇《こん》を存すべき者歟《ものか》。大師釈尊、猶《な》お二十年の仏寿を分かって、末世《まつせ》の吾等《われら》を蔭《かば》いたまう。其の意如何。唯だ父母の心を垂《た》るるのみ。如来全く果を求むべからず、亦《ま》た富を求むべからず。

現代語訳

いわゆる「老心」とは、父母の心である。たとえば、父母が一人子を念《おも》うように、三宝を心に念ずること一人子を念うようにせよ。貧しい者も、ゆきづまっている者も、親は一途に一人子を愛《いつく》しみ育てる。その志は、どのようであろうか。それは外《ほか》の者には分からない。父となり母となって、はじめてその志が分かるのである。わが身の貧富をかえりみず、ひたすらわが子の成長を願うのである。わが身の寒さをかえりみず、わが身の暑さをかえりみず、寒さにはわが子に覆《おお》い着せ、暑さにはわが子に日蔭《ひおお》いをする。もって切なる親としての念《おも》いを尽くすのである。その心を発《おこ》した人が、はじめて親心を知り、その心に繰り返し習う人がはじめて親心を覚《さと》る者である。だから、典座たる者は、水を見、米を見る上で、みな親が子を養う時のような、ねんごろな慈しみの心を持つべきものではなかろうか。大師釈尊は、みずからまだ生くるべき二十年の寿命を他に分かって、その福徳を来世のわれらのために施《ほどこ》された。そのお心は、何であるか。ただただ親心を垂れたもうたのである。如来は全然果報を求めたりなさらず、また自ら幸福を求めたりはなさらないのである。

次に「老心」というのは、父母が一子を思う親心である。三宝を大切に思うこと、父母が一子を思うが如くせよ。貧乏人も困窮者も、親は、ただ一途に子供を愛しみ育てる。その心は、どうであろうか。外の者には分からない。「子を持って知る親の恩」である。みずから人の子の父となり母となってみて、はじめて親心が分かる。親は自身の貧富をかえりみず、ひたすらわが子の長大ならんことを思う。寒さにつけ暑さにつけ、自分の身をかえりみず、子供の身の上を気づかう。寒さには着せ、暑さには陽を蔭う。ただただ子を思う心の親念切々の至りである。

こうした親心を発した人、この親心を繰り返し習うことのできた人であってはじめて、この心を知りこの心を覚るのである。そういうことだから、料理人は水を見る、穀物を見る時に、すべて親が子を養う慈しみのねんごろな心をもつべきであろう。思えば、大師釈尊は、御年八十歳のとき、まだあと二十年の寿命がおありであったのに、遷化《せんげ》されて、その二十年の仏寿を分かって来世の我ら法孫に施された。そのお心は、何であったか。ただ父母が子を思うように、衆生のための親心を垂れたもうたのである。如来は全く自己のために果報や富を求めず、すべてを衆生に施される。我々もそうした仏陀の親心を学ぶべきである。

十億の人に十億の母あれど
　我が母に勝る母あらめやも

これは、盲目の念仏者暁烏敏《あけがらすはや》の歌である。人間の心のうちで仏心に最も近いものは、母性愛だと思う。母親は幼な児がお腹《なか》が痛いというと、自分のお腹が痛くなる。赤ん坊がにっこり笑うと、母親は自分が嬉しくなる。母親は、子供に対して全く自己を空じていて、無我だから、子供と不二《ふに》一体である。子供の悲しみが自分の悲しみであり、子供の痛みが自己の痛みである。

これを「自他不二」という。これが真の「親心」である。

しかし、母性愛は本能であって、戒《かい》・定《じょう》・慧《え》の三学の修行に裏づけられた仏心ではないから、すぐにボロがでる。子供がけんかをすると、「お前、いけません」と、口ではわが子を叱っても、心のなかでは「家《うち》の坊やは正しい、隣りの坊やが悪いのだ」と思う。自分の子供とは不二一体だが、他人の子供とはそうはいかない。そこを、仏陀は「三界はわが有《う》なり。その中の一切衆生はわが子なり」といって、すべてをわが子として愛しまれる。そこに真の親心、道元のここにいう「老心」がある。

〔四三〕大心をもつ

謂《いわ》ゆる大心《だいしん》とは、其《そ》の心を大山《だいさん》にし、其の心を大海にし、偏《へん》することなく党《とう》すること無《な》きの心なり。鈉《りょう》を提《ひっさ》げて軽しと為《な》さず、鈞《きん》を扛《あ》げて重しとすべからず。春声に引かれて、春沢《しゅんたく》に遊ばず、秋色を見ると雖《いえど》も、更《さら》に秋心なし。四運を一景に競《きそ》い、銖鈉《しゅりょう》を一目《いちもく》に視る。是《こ》の一節に於《お》いて大《だい》の字を書すべし、大の字を知るべし、大の字を学すべし。

現代語訳

いわゆる「大心」とは、その心を大山のようにし、その心を大海のようにして、一方に偏《かたよ》ることのない心である。一両《いちりょう》の重さの物を提《ひっさ》げても軽いと思わず、一鈞《いっきん》の重さの物を扛《もちあ》げても重いと思ってはいけない。春を告げる小鳥の声を聞いても、春の沢《めぐ》みに浮かれ遊ばず、秋の色づく紅葉《もみじ》を見ても、もの淋しい思いを全くいだかない。春夏秋冬の移りゆきを、目前の一景に見てとり、一銖の目方も一両の目方も、一日に見るのである。この点において、「大」の字を書くがよい、「大」の字を知るがよい、「大」の字を学ぶがよい。

解説

「喜心・老心・大心」という「三心」の最後の「大心」の説明である。

「大心」とは、文字どおり〝大きな心〟の意である。大きな心とは、どんな心か。道元はそれは心を大山にして大海にして偏《かたよ》らない心だという。大山は常に確固不動で、どっしりとして動かない。そのように、どんなものに対しても動じない心が、それだという。大海もまた同じで、大小の河川の水の注ぐにまかせて、清濁合わせ呑む寛大さをもち、ついには一味の海水として浄化する。

このように偏らない心は、両とか銙とかいう外物の軽重によって己れの心を二つに分けない。すなわち軽いからといって侮《あなど》らず重いからといって阿《おもね》らない。前にもあったように、莆菜羹と醍醐味の差別をするような、凡夫の心のあさましさから解放されている。
また春声に浮かれず秋色に心を滅入らせぬ自由さをもつ。春ともなれば浮かれ遊び、秋には心滅入るというのは、真に心の落ちつきを得ていない証拠である。順逆の二境に処して動かない心こそが「大心」である。
『正法眼蔵』に次の一文がある。

知るべし、海の水を辞せざるは同事なり。さらに知るべし、水の海を辞せざる徳も具足せるなり。この故に、よく水あつまりて海となり、土かさなりて山となるなり。ひそかに知りぬ、海は海を辞せざるが故に海をなし、大きなることをなす。山は山を辞せざるが故に山をなし、高きことをなすなり。（「菩提薩埵四摂法」）

これは菩薩が衆生を摂取する四つの心（四摂法）を説いたなかで、「同事」（相手の事に自ら同ずる）ということを述べたところに見える一節である。海はどんな河の水でも辞《こと》わらない。それが相手の事に同じうしていくということである。さらに、水の方が海を辞わらないという徳を十分にそなえているという仔細もある。だから、よく水が集まって海となるのだ。同様に土が重なって山となるのだ。こうして海は大海となり、山は大山となるのである。

これは『管子《かんし》』（中国の春秋時代の人、斉の管仲《かんちゅう》の著書）の文をふむもので「海はどんな河の水でも辞わらないから大海となり、山は土をいくらでも受け容れて高山となる。そのように、すぐれた天子は人を嫌わないから、よく臣や民を率いていける」というのを「同事」の例として引いたのである。

しかし「大心」が一切の差別を嫌わず、順逆に動じない心の落ちつきを得ているということは、無感動な何の暖かみもない冷血の鈍漢になるということではない。そこを道元は「四運を一景に競い、銖鎺を一目に視る」というのである。春夏秋冬の四季の運行を目前の一景に収め、銖の軽きと鎺の重きとを同じく一眼に見る。すなわち差別の中に平等を見るのが真の平等である。大小軽重に心を動じない、すべてのものを受け容れてゆく「大心」の寛容さというのは、ただ差別を見ないということではない。差別を見て差別にとらわれない、心の自由さに生きるということでなければならない。

ある人が禅者に、

「『金剛経』の〝是法平等《ぜほうびょうどう》、無有高下《むうこうげ》〟（是《こ》の法、平等にして、高下あることなし）とは、どういう意味ですか」と問うと、その禅者は答えた、

「富士山は高く、愛鷹《あしたか》山は低い」と。

またある人が、

「〝至道無難《しいどうむなん》、唯嫌揀択《ゆいけんけんじやく》〟（至道は難きことなし、ただ揀択《えりきらい》を嫌う）とは、どんなことですか」と問うと、禅者は答えた、

「麦飯はまずい、白米はうまい」と。

差別の真只中《まつただなか》にこそ真の平等がある、というのである。何物をも嫌わない不動の「大心」は、決して単なる悪平等・無差別の鈍漢をいうのではない。

〔四四〕大事因縁

夾山《かつさん》の典座《てんぞ》、若《も》し大の字を学ばずんば、不覚《ふかく》の一笑に太原《たいげん》を度《ど》すること莫《な》からん。大潙《だいい》禅師、大の字を書せずんば、一茎柴《いっきようさい》を取って、三たび吹くべからず。洞山《とうざん》和尚、大の字を知らずんば、三斤《さんぎん》の麻《ま》を拈《ねん》じて、一僧に示すこと莫《な》からん。応《まさ》に知るべし、向来《こうらい》の大善知識は、倶《とも》に是《こ》れ百草頭上に、大の字を学び来たりて、今乃《すなわ》ち自在に大声を作《な》し、大義を説き、大事を了《りよう》し、大人《だいにん》を接し、者箇《しやこ》一段の大事因縁を成就する者なり。住持・知事・頭首《ちようしゆ》・雲衲《うんのう》、阿誰《たれ》か此《こ》の三種の心を忘却する者ならんや。

現代語訳

あの夾山の典座が、もし「大」の字を学ばなかったなら、みずから思わずもらした笑いが縁になって、太原《たいげん》の孚上座《ふじようざ》を悟りに導くことはなかったであろう。潙山《いさん》禅師が、もし「大」の字を書かなかったなら、一本の柴を取り上げて、三度吹いて渡すような働きもできなかったであろう。また洞山守初禅師が、もし「大」の字を知らなかったなら、三斤の麻をつかんで、一僧に示すような働きもできなかったであろう。これらのことによって、昔からの偉大な指導者たちは、いずれもみな、あらゆるものの上に「大」の字を学んできて、今こそ自在に大声を発し、大義を説き、大事を悟り、大人たる修行者を接得して、この一段の大事因縁を成就されたということが知れるであろう。禅院の住持も知事も頭首《ちょうしゅ》も雲水も、誰一人として以上の三種の心を忘れてよかろうか。

解説

ここに道元は真に「大心」を体現した三人の古人の例を挙げる。

後に雪峰の弟子として知られた人に、太原《たいげん》の孚《ふ》上座《じょうざ》という者がいた。彼はもと学僧として、『涅槃経』を得意として講義していた。あるとき、「三因仏性、三徳法身」という句のところで、法身を説明して、「竪《たて》は三際（過去・現在・未来）を窮め、横は十方上下に亙《わた》る」と言った。それを聞いていたある禅者が、思わず失笑した。

そこで、孚上座はその禅者を招いて尋ねた。以下はその問答である。

上座、「私の講釈に何か錯《あやま》りがあったでしょうか」

禅者、「座主《ざす》（禅僧が教宗の僧に対して言う呼び方）、あなたは法身量辺の事は講ずることはおできになるが、法身そのものをまだ見ておいでではない」

上座、「どうしたらよいのでしょうか」

禅者、「しばらく講釈をやめて、静かな部屋で坐禅をしなさい。必ず自分で仏の心眼が開ける日が来るでしょう」

孚上座は、言われたとおり真剣に坐禅をした。ある晩、自己を忘れて三昧《ざんまい》境に入った。そのうち明け方になった。暁の鐘の音がゴオーンと響いた。そのとき三昧が破れて豁然《かつねん》として大悟した（あるいは、五更に及んで角笛《つのぶえ》の声を聞いて悟ったともいう）。

早速、禅者の室を叩いた。

上座、「私は悟りました。法身がつかめました」
禅者、「試みに、その境地を一句言ってごらんなさい」
上座、「私はきょうから、父母に生んでもらった鼻の孔をひねくりません」

父母《ぶも》未生《みしょう》以前の自己の本来の面目《めんもく》を体得した、というのである。そこではじめて「法身」の量の辺《ほとり》でなく質そのものが分かったのである。自我レベルの分別見解《ふんべつけんげ》で、「法身」の周りをいくらぐるぐる回ってもダメである。坐禅してズバリ「大死一番、絶後に蘇る」体験によって、みずから「法身仏」そのものになってみるという、その経験の有無にこそ、学僧と禅僧との違いがあるのである。

この禅者は夾山の会下《えか》（門下）で典座の職を務めていた僧であったという。この因縁を挙《こ》して、道元は言う――夾山がもし「大」の字を学んだ人でなかったら、孚上座の講釈を聞いて思わず失笑することもなく、上座を済度する大力量を現わすこともできなかったろう。

次の話は、潙山《いさん》禅師が百丈禅師の会下におられた時のことである。

ある日、百丈とともに山作務《やまざむ》をしていた。そのとき、百丈が言った、

「火を持って来い」

それを聞くと、潙山は即座に、

「はい、持って来ました」

と答えた。百丈が、

「どこに火があるか」

と言うと、潙山は一枝の枯柴を取り上げて、

「フウ、フウ、フウ」と三度それを吹いて百丈に手渡した。

百丈禅師は潙山のその作略《さりやく》を肯定された。

道元はこの潙山の働きを評して、もし潙山が「大」の字が書けなかったら、とうていこうした妙用《みようゆう》はできなかったであろうという。前の夾山の時は「大」の字を学ぶといい、ここでは書くといったのは、前の段で「大の字を書すべし、大の字を知るべし、大の字を学すべし」と言った語を受けたのである。次の洞山の時には、

「大」の字を知ると言っているのも同じである。

洞山守初禅師が、雲門の会下で典座の職を務めていた時のことである。ある僧が、

「仏とは、どんなものですか」

と問うた。洞山は手にしていた麻を取り上げて、

「麻《ま》三斤《さんぎん》だ」

と答えた。

以上の三例によって知れるように、昔からのすぐれた指導者方は、どなたもみな一切の事々物々の上で、常にこの「大」の字を修行された。古人のこうした「大心」の働きは、自由に大音声で仏法の大義を説き、みずから人生の大事を明らめ、大心の修行者を教化して、この一段の大事因縁を成就されたのである。

禅院の住持・役位・各役寮の長たる者・雲水たちは、一人の例外もなく、以上の「喜心・老心・大心」という三種の心を忘れてはならない。それはひとり典座の職

にある者だけに限ることではない、というのである。

不可分・不可同・不可逆

小乗仏教では、出家と在家を区別した。本当の仏道修行は出家でなければできない、という考え方が、そこにあった。在家の信者は、出家のように、厳しい「戒《かい》・定《じょう》・慧《え》」の「三学」の修行はできないから、「布施」と「五戒」の二つだけが要求された。布施は、在家者が生産事業に従事して得た「財物」を出家者に施すことである。それに対して、出家者は衣・食・住を在家の布施に仰ぐことによって、自ら専心修行して体得した「法」（真理）を在家者に施す。ここに「法施《ほっせ》」と「財施」の分業による両者の和合教団が成立する。そこで、在家者には、第一に「布施」が、第二に「持戒」のうちの「五戒」だけが課せられた。それは次の五つの戒である。

一、殺さない（不殺生）。
二、盗まない（不偸盗《ふちゅうとう》）。
三、淫《みだ》らな性の交りをしない（不邪淫）。

四、うそをつかない（不妄語）。
五、酒を飲まない（不飲酒《ふおんじゅ》）。

この五戒を持《たも》つことによって、在家者は死んで後には、よい素質をもって生まれ変わって、そこで改めて出家として修行して成仏する、と考えられた。こうした小乗仏教の考え方に立つ時は、道元がここに説く「典座としての仏道修行」という「料理即仏道修行」などという教えは成り立ちようがない。

大乗仏教では、初めから出家と在家の区別を立てない。だから、在家者にも出家者と同じように、「三学」の修行が要求される。

私はここに昭和の仏教改革者釈定光《じょうこう》老師の「三綱領」を紹介しなければならない。

三綱領
一、摩訶般若波羅蜜多《まかはんにゃはらみった》は仏道の第一義なり。至心《しいしん》に憶念せよ。
一、戒《かい》・定《じょう》・慧《え》の三学は成道《じょうどう》の要訣なり。至心に修持《しゅじ》せよ。

一、四弘《しぐ》の誓願《せいがん》は我等《われら》が本誓《ほんぜい》なり。至心に奉行せよ。

仏道の第一義は「摩訶般若波羅蜜多」である。「摩訶」は〝大〟、「般若」は〝智慧〟、「波羅蜜多」は〝完成〟の意であるから、仏教の第一義は、「偉大な悟りの智慧の完成」にある、というのである。「仏教」とは、〝仏陀の説かれた教え〟であり、我々めいめいが〝みずから仏陀に成《な》る教え〟である。そして「仏陀」は〝覚者〟すなわち〝本来の自己に覚《めざ》めた者〟の意であり、その〝覚《めざ》めの智慧〟こそが「般若」である。そう考えると、「大悟の智慧の完成」（摩訶般若波羅蜜多）が仏道の第一義であることは理の当然である。それを忘れて、葬式と法事だけが仏法のようになってしまっているのは、日本仏教の堕落である。

では、どうしたら般若の智慧を体得できるか。そこで第二の戒・定・慧という三学の実践が大切となる。これはおよそ仏教徒である限りは、大乗・小乗を問わず誰でも学ばなければならない三つのものの意である。

まず「持戒」（戒を持《たも》つ）とは、〝みずから誓って自己の生活を規制すること〟である。

与謝野晶子の歌に、

柔肌《やわはだ》の熱き血潮に触れもみで
　淋しからずや道を説く君

というのがある。熱い血のたぎる私のような美少女に触れることもなさらない、戒律厳守の禅のお師家《しけ》さま、カトリックの神父さまは、尊いお方だというのか、あるいは人間としての楽しみを御存知ないおかわいそうなお方だというのであろうか。ともあれ、一般の人々は戒律というと、すぐに肉食《にくじき》・妻帯《さいたい》しない一生不犯《いっしょうふぼん》の清僧を考える。

しかし、大乗の戒は、そんな一握りのエリート僧の比丘戒のことではない。即《い》今《ま》・当処《ここ》・自己《じこ》の大事である。私は、それはまず、みずから誓って自己の生活をコントロールする生活である、という。生活が乱れていては、禅定の修行は不可能であるからである。幼稚園の子供だって、あしたの遠足にそなえて、きょうの生活を慎んで、見たいテレビもがまんして早くねることに努めるではないか。

「禅定」とは〝身心の安定・統一〟のことである。「禅」は梵語の漢字音写で「定」がその意訳である。「禅定」をよく〝瞑想〟と訳するが、英語の「メディテーション」はともかくとして、「瞑」という字は困る。「禅定」はまずは〝坐禅〟のことだから、そして禅の坐禅は必ず目は半眼に開いているのだから、「瞑想」ではない。また、坐禅は「何かについてメディテートする」のではないから「メディテーション」と訳するのも妥当でない。さらに、禅定をよく〝精神の統一〟だというが、これも困る。禅定は精神だけでなく、〝身心の統一・安定〟である。そこを道元は身学道・心学道という。

ともあれ、「持戒」で生活を規制して「禅定」でその身心を統一・安定させるのである。そこに「般若」の悟りの智慧が開ける。私はよく言うことであるが、ロダンの「考える人」がどんなに芸術的に秀れた作品でも、あんな腰折れの姿勢からは般若の智慧は生まれない、これが仏教徒二千五百年の経験的な知恵であった（ロダンに対して広隆寺や中宮寺の弥勒思惟像を参考）。

以上、私は仏教の「三学」を「戒↓定↓慧」という「上り道」に即して説いた。しかし、これは実はまだ「仏教以前」である。真の仏教は、実はこの「般若」から始まるのである。それを「般若波羅蜜多」という。「般若」の自発自展、そこにこそ真の仏道がある。「般若」とは何か。般若は「空」の思想である。「空」とは〝ゼロ〟のことで、〝自我を無にする〟こと、「無我の現成《げんじょう》」である。「坐禅」とは、だから、精神修養でも、人格完成の道でも、自己の救いでもなく、無我の実践行である。

坐禅で自我を空じて無我になると、「自己がない時すべてが自己である」という、「〝空〟とは〝自他不二《ふに》〟」という心境が開ける。これが「悟り」である。そこに、「天地と我と同根、万物と我と一体」という「物我《もつが》一如《いちにょ》」という心境が現前する。それはまたただちに、我と汝とは区別はできる（不可同）が切り離すことはできない（不可分）という「自他不二」の心境でもある。そのとき、他人の苦しみがそのまま自己の苦しみだから、じっとしておれないで、他人の苦しみをなくするために働かざるを得ない。維摩《ゆいま》居士の「衆生病むが故に我もまた病む」という菩薩の慈悲心が、そこにある。「般若」は自発自展して、「慈悲」として働くのである。この「下り道」に、実は仏道の真義はあるのである。

釈定光老師は、そこを我らの本誓と言われた。

四弘誓願
衆生無辺誓願度
煩悩無尽誓願断
法門無量誓願学
仏道無上誓願成

仏は涅槃《ねはん》に住《とど》まらない（不住涅槃）。鈴木大拙先生は、「極楽は往ききりにする所ではない。往ったらすぐに還《かえ》ってきて娑婆《しゃば》で苦しんでいる人々の苦しみに代わるのだ。そこに仏教生活の真面目がある」と言われた。無辺の衆生を済度せねばやまないという菩薩の願いがそこにある。

あなたは本屋の店頭で自分で選んでこの本を買ったと言われる。しかし、そこにすでにあなたのうちなる仏性《ぶっしょう》（仏陀としての本性）が、あなたを動かしてこの本を買わしめたのではないであろうか。あなたは自分の罪に泣くと言われる。しかし、罪とは自らの罪を意識しない時にこそ極まるというものではないか。自分の影が濃く見えるのは、そこに月の光が輝いているからである。自分の罪に覚《めざ》めるとき、すでに清きものの手があなたのハートの上に置かれているのである。

そこで「初めに大悲があった」と私は言う。すでにあなたのうちに「仏としての本来の証《さと》り」（本証）が働いている（妙修）。衆生から仏へと自己の主体を転じてほしい。衆生心から仏心へと心のスイッチを切りかえてほしい。仏としての本性（仏性）こそが本当のあなたの主体なのだ。仏が先で衆生は後で、この間の秩序は逆にできない（不可逆）。なぜ仏としてのわが生命《いのち》を大事にして働かないのですか。すっと坐禅の姿勢に還って、「摩訶般若波羅蜜多」と唱えてごらんなさい。ただそれだけで、あなたは立派に仏として生きることができる。そのほかに何のむずかしいことも要らない。その仏が料理を作るとき、そこを「料理即仏道の修行」という。ここまで徹してはじめてあなたはホンモノの料理をする人になる。道元禅師はそう教えられるのである。

摩訶般若波羅蜜多！

最後に、巻頭の「観音導利興聖宝林寺」の文字と、巻末の「于時嘉禎三年王春、記示後来学道之君子云爾　観音導利院住持　伝法沙門道元記」の文字に触れておく。

巻頭の「観音導利興聖宝林寺」は、道元が、天福元年（一二三三）、京都の郊外深草に、日本で初めて建てた禅寺のフルネームである。巻末の「時に嘉禎三年（一二三七）王春、記して後来の学道の君子に示すと爾云《しかい》う。観音導利院の住持、伝法の沙門道元記す」は、本書『典座教訓』の刊記と署名である。

三、原文・典座教訓

典座教訓

観音導利興聖寶林寺

〔一〕佛家從本有六知事。共爲佛子、同作佛事。就中典座一職、是掌衆僧之辨食。『禪苑清規』云、「供養衆僧故有典座」。從古道心之師僧、發心之高士、充來之職也。蓋猶一色之辦道。

〔二〕若無道心者、徒勞辛苦、畢竟無益也。『禪苑清規』云、「須運道心、隨時改變、令大衆受用安樂」。昔日潙山・洞山等勤之、其餘諸大祖師曾經來也。所以不同世俗食廚子及饌夫等者歟。

〔三〕山僧在宋之時、暇日咨問于前資勤舊等。彼等聊擧見聞、以爲山僧說。此說似者、古來有道之佛祖所遺之骨髓也。大抵須熟見『禪苑清規』。然後須聞勤舊子細之說。

〔四〕所謂當職、經一日夜。先齋時罷、就都寺・監寺等邊、打翌日齋粥之物料。所謂米菜等也。打得了、護惜之如眼睛。保寧勇禪師曰、「護惜眼睛常住物」。敬重之如御饌草料。生物・熟物、倶存此意。

〔五〕次諸知事在庫堂商量、明日喫甚味喫甚菜設甚粥等。『禪苑清規』云、「如打物料并齋粥味數、竝預先與庫司・知事商量」。所謂知事者、有都寺・監寺・副司・維那・典座・直歳也。味數議定了、書呈方丈・衆寮等嚴淨牌。然後設辨明朝粥。

〔六〕淘米調菜等、自手親見、精勤誠心而作。不可一念疏怠緩慢、一事管看一事不管看。功德海中一滴也莫讓、善根山上一塵亦可積歟。

〔七〕『禪苑清規』云、「六味不精、三德不給、非典座所以奉衆也」。先看米便看砂、先看砂便看米、審細看來看去、不可放心、自然三德圓滿、六味倶備。

〔八〕雪峰在洞山作典座。一日淘米次、洞山問、「淘砂去米、淘米去砂」。峰云、「砂米一時去」。洞山云、「大衆喫箇什麼」。峰覆却盆。山云、「子他後別見人去在」。上古有道之高士、自手精至、修之如此。後來晩進、豈慢之歟。先來云、「典座以絆爲道心矣」。

〔九〕如有米砂誤淘去、自手撿點。『淸規』云、「造食之時、須親自照顧、自然精潔」。取其淘米白水亦不虛棄。古來置漉白水囊、辨粥米水。納鍋了、留心護持、莫使老鼠等觸誤、竝諸色閑人見觸。

〔一〇〕調粥時菜、次打併今日齋時所用飯羹等。盤桶幷什物調度、精誠淨潔洗灌、彼此可安高處安于高處、可安低處安于低處。高處高平、低處低平。挾杓等類、一切物色、一等打併、眞心鑑物、輕手取放。然後理會明日齋料。先擇米裏有蟲。綠豆・糠・塵・砂等、精誠擇了。擇米擇菜等時、行者諷經、回向竈公。

〔一一〕次擇菜羹物料調辨。隨庫司所打得物料、不論多少、不管麤細、唯是精誠辨備而已。切忌作色口說料物多少。竟日通夜、物來在心、心歸在物、一等與他精勤辨道。

〔一二〕三更以前管明曉事、三更以來管做粥事。當日粥了洗鍋、蒸飯調羹。如浸齋米、典座莫離水架邊。明眼親見、不費一粒。如法洮汰、納鍋燒火蒸飯。古云、「蒸飯鍋頭爲自頭、淘米知水是身命」。

〔一三〕蒸了飯、便收飯籮裏、乃收飯桶、安擡槃上。調辨菜羹等、應當蒸飯時節。典座親見飯羹調辨處在。或使行者、或使奴子、或使火客、敎調什物。近來大寺院、有飯頭・羹頭。然而是典座所使也。古時無飯羹頭等、典座一管。

〔一四〕凡調辨物色、莫以凡眼觀、莫以凡情念。拈一莖草建寶王刹、入一微塵轉大法輪。

〔一五〕所謂縱作莆菜羹之時、不可生嫌厭輕忽之心。縱作頭乳羹之時、不可生喜躍歡悦之心。既無耽著、何有惡意。然則雖向麤全無怠慢、雖逢細彌有精進。切莫逐物而變心、順人而改詞、是非道人也。

〔一六〕勵志至心、庶幾淨潔勝于古人、審細超于先老。其運心道用爲體者、古先縱得三錢、而作莆菜羹、今吾同得三錢、而作頭乳羹。此事難爲也。所以者何。今古殊劣、天地懸隔。豈得齊肩者哉。然而審細辨肎之時、下視古先之理、定有之有也。此理必然、猶未明了、卒思議紛飛兮如其野鳥、情念奔馳兮同於林遠也。若使彼猿鳥而一旦退歩返照、自然打成一片。是乃被物之所轉能轉其物之手段也。如此調和淨潔、勿失一眼兩眼。拈一莖菜作丈六身、請丈六身作一莖菜。神通及變化、佛事及利生者也。

〔一七〕已調、調了已辨、辨得看那邊安這邊。鳴鼓鳴鐘、隨衆隨參、朝暮請參、一無虧闕。

〔一八〕卻來這裏、直須閉目諦觀、堂裏幾員單位、前資・勤舊・獨寮等幾僧、延壽・安老・寮暇等僧、有幾箇人、旦過幾枚雲水、庵裏多少皮袋。如此參來參去、如有纖毫疑猜、問他堂司及諸寮頭首・寮主・寮首座等。

〔一九〕銷來疑便商量。喫一粒米、添一粒米、分得一粒米、卻得兩箇半粒米。三分四分、一半兩半。添他兩箇半粒米、便成一箇一粒米。又添九分、剩見幾分、今收九分、見他幾分。

〔二〇〕喫得一粒廬陵米、便見潙山僧、添得一粒廬陵米、又見水牯牛。水牯牛喫潙山僧、潙山僧牧水牯牛。吾量得也未、儞算得也未。撿來點來、分明分曉。臨機便說、對人卽道。且恁功夫、一如二如、二日三日、未可暫忘也。

〔二一〕施主入院、捨財設齋、亦當諸知事一等商量、是叢林舊例也。回物俵散同共商量、不得侵權亂職也。

〔二二〕齋粥如法辨了、安置案上。典座搭袈裟展坐具、先望僧堂焚香九拜、拜了乃發食也。經一日夜、調辨齋粥、無虛度光陰。有實排備、舉動施爲、自成聖胎長養之業。退步飜身、便是大衆安樂之道也。

〔二三〕而今我日本國、佛法名字聞來已久。然而僧食如法作之言、先人不記、先德不教、況乎僧食九拜之禮、未夢見在。國人謂、僧食之事、僧家作食法之事、宛如禽獸。食法實可生憐、實可生悲、如何。

〔二四〕若山僧在天童時、本府用典座充職。予因齋罷、過東廊赴超然齋之路次、典座在佛殿前晒苔。手携竹杖、頭無片笠。天日熱地甎熱、汗流徘徊、勵力晒苔。稍見苦辛。背骨如弓、尨眉似鶴。山僧近前、便問典座法壽。座云、「六十八歲」。山僧云、「如何不使行者・人工」。座云、「他不是吾」。山僧云、「老人家如法、天日且恁熱、如何恁地」。座云、「更待何時」。山僧便休。步廊脚下、潛覺此職之爲機要矣。

〔二五〕又嘉定十六年癸未五月中、在慶元舶裏、倭使頭說話次、有一老僧來。年六十許載。一直便到舶裏、問他和客、討買倭椹。山僧請他喫茶。問他所在、便是阿育王山典座也。他云、「吾是西蜀人也。離鄉得四十年。今年是六十一歲。向來粗歷諸方叢林。先年權孤雲住裏、討得育王掛搭、胡亂過。然去年解夏了、充本寺典座。明日五日、一供渾無好喫、要做麵汁、未有椹在。仍特特來討椹買、供養十方雲衲」。山僧問他、「幾時離彼」。座云、「齋了」。山僧云、「育王去這裏有多少路」。座云、「三十四五里」。山僧云、「幾時廻寺裏去也」。座云、「如今買椹了便行」。山僧云、「今日不期相會、且在舶裏說話、豈非好結緣乎。道元供養典座禪師」。座云、「不可也。明日供養、吾若不管、便不是了也」。山僧云、「寺裏何無同事者理會齋粥乎。典座一位不在、有什麼缺闕」。座云、「吾老年掌此職、乃耄及之辦道也。何以可讓他乎。又來時未請一夜宿暇」。山僧又問典座、「座尊年、何不坐禪辦道、看古人話頭。煩充典座、只管作務、有甚好事」。座大笑云、「外國好人、未了得辦道、未知得文字在」。山僧聞他恁地話、忽然發慚驚心。便問他、如何是文字、如何是辦道」。座云、「若不蹉過問處、豈非其人也」。山僧當時不會。座云、「若未了得、他時後日、到育王山。一番商量文字道理去在」。恁地話了、便起座云、「日晏了、忙去」。便歸去了也。

〔二六〕同年七月間、山僧掛錫天童時、彼典座、來得相見。云、「解夏了退典座、歸鄉去。適聞兄弟說、「老子在箇裏」、如何不來相見。山僧喜踊感激接他。說話之次、說出前日在船裏文字・辦道之因緣。典座云、「學文字者、爲知文字之故也。務辦道者、要肯辦道故也。山僧問他、「如何是文字」。座云、「一二三四五」。又問、「如何是辦道」。座云、「徧界不曾藏」。其餘說話、雖有多般、今所不錄也。山僧敢知文字了辦道、乃彼典座之大恩也。向來一段事、說似先師全公、公甚隨喜而已。

〔二七〕山僧後看雪竇有頌示僧云、「一字七字三五字、萬像窮來不爲據、夜深月白下滄溟、搜得驪珠有多許」、前年彼典座所云、與今日雪竇所示、自相符合。彌知彼典座是眞道人也。

〔二八〕然則從來所看之文字是一二三四五也。今日所看之文字亦六七八九十也。後來兄弟、從這頭看了那頭、從那頭看了這頭、作恁功夫、便了得文字上一味禪去也。若不如是、被諸方五味禪之毒、排辨僧食未能得好手也。

〔二九〕誠夫當職、先聞現證在眼在耳、有文字有道理。可謂正的歟。縦忝粥飯頭之名、心術亦可同之也。『禪苑淸規』云、「二時粥飯、理合精豐、四事供、須無令闕少。世尊二十年遺恩、蓋覆兒孫。白毫光一分功德、受用不盡」。然則但知奉衆、不可憂貧。若無有限之心、自有無窮之福。蓋是供衆住持之心術也。

〔三〇〕調辨供養物色之術、不論物細、不論物麤、深生眞實心・敬重心爲詮要。不見麼、漿水一鉢、也供十號兮、自得老婆生前之妙功德。菴羅半果。也捨一寺兮、能萌育王最後之大善根。授記莂感大果、雖佛之縁、多虛不如少實、是人之行也。

〔三一〕所謂調醍醐味、未必爲上、調莆菜羹、未必爲下。捧莆菜擇莆菜之時、眞心・誠心・淨潔心、可準醍醐味。所以者何。朝宗于佛法淸淨大海衆之時、不見醍醐味、不存莆菜味、唯一大海味而已。況復長道芽養聖胎之事、醍醐與莆菜、一如無二如也。有「比丘口如竈」之先言、不可不知。可想、莆菜能養聖胎、能長道芽。不可爲賤、不可爲輕。人天之導師、可爲莆桒之化益者也。

〔三二〕又不可見衆僧之得失、不可顧衆僧之老少。自猶不知自之落處、他爭得識他之落處。以自之非爲他之非、豈不誤乎。耆年晩進、其形雖異、有智愚矇、僧宗是同。隨亦昨非今是、聖凡誰知。『禪苑淸規』云、「僧無凡聖通會十方」。

〔三三〕若有一切是非莫管之。志氣邪非直趣無上菩提之道業耶。如錯向來一步、便乃對面蹉過。古人之骨髓、全在作恁功夫之處也。後代掌當職之兄弟、亦作恁功夫始得。百丈高祖曩聖之規繩、豈虛然乎。

〔三四〕山僧歸國以降、駐錫於建仁、一兩三年。彼寺慦置此職、唯有名字全無人實。未識是佛事、豈敢辦肯道。眞可憐憫、不遇其人、虛度光陰、浪破道業。

〔三五〕曾看彼寺此職僧、二時齋粥、都不管事、帶一無頭腦、無人情奴子、一切大小事、總說向他。作得正作得不正、未曾去看、如隣家有婦女相似。若去得見、他乃恥乃瑕。結構一局、或偃臥、或談笑、或看經、或念誦、日久月深不到鍋邊。況乎買索什物、諦觀味數、豈存其事乎。何況兩節九拜、未夢見在。時至敎童行也未曾知。

〔三六〕可憐可悲、無道心之人、未曾遇見有道德之輩、雖入寶山兮、空手而歸、雖到寶海兮、空身而還、應知、雖他未曾發心兮、若見一本分人、則行得其道。雖未見一本分人兮、若是湊發心者、則行膺其道。旣以兩闕、何以一益。

〔三七〕如見大宋國諸山諸寺知事・頭首居職之族、雖爲一年之精勤、各存三般之住持、與時營之、競緣勵之。已如利他兼豐自利、一興叢席一新高格。齊肩競頭、繼踵重蹤。

〔三八〕於是應詳、有見自如他之癡人、有顧他如自之君子。古人云、「三分光陰二早過、靈臺一點不揩磨、貪生逐日區區去、喚不回頭爭奈何」。須知、未見知識、被人情奪。可憐、愚子運出長者所傳之家財、徒作他人面前之塵糞。今乃不可然耶。

〔三九〕嘗觀、當職前來有道、其掌其德自符。大潙悟道、典座之時也。洞山麻三斤、亦典座之時也。若可貴事者、可貴悟道之事。若可貴時者、可貴悟道之時者歟。慕事耽道之跡、握沙而爲寶、猶有其驗、模形而作禮、屢見其感。何況其職是同、其稱是一。其情其業、若可傳者、其美其道、豈不來乎。

〔四〇〕凡諸知事・頭首及當職、作事作務之時節、可保持喜心・老心・大心者也。所謂喜心者、喜悅心也。可想、我若生天上、著樂無間、不可發心、修行未便。何況可作三寶供養之食耶。萬法之中、最尊貴者三寶也、最上勝者三寶也。天帝非喻、輪王弗比。『清規』云、「世間尊貴、物外優閑、清淨無爲、衆僧爲最」。今吾幸生人間、而作此三寶受用之食、豈非大因縁耶。尤以可悅喜者也。

〔四一〕又可想、我若生地獄・餓鬼・畜生・修羅等之趣、又生自餘之八難處、雖有求僧力之覆身、手自不可作供養三寶之淨食。依其苦器而受苦、縛身心也。今生既作之、可悅之生也、可悅之身也。曠大劫之良縁也、不可朽之功德也。願以萬生千生、而攝一日一時、可辨之可作之。爲能使千萬生之身、結於良縁也。如此觀達之心、乃喜心也。誠夫縱作轉輪聖王之身、非作供養三寶之食者、終其無益、唯是水沫泡燄之質也。

〔四二〕所謂老心者、父母心也。譬若父母念於一子。存念三寶如念一子也。貧者・窮者、強愛育一子。其志如何。外人不識、作父作母、方識之也。不顧自身之貧富、偏念吾子之長大也。不顧自寒、不顧自熱、蔭子覆子、以爲親念切切之至。發其心之人能識之、慣其心之人、方覺之者也。然乃看水看穀、皆可存養子之慈懇者歟。大師釋尊、猶分二十年之佛壽、而蔭末世之吾等。其意如何。唯垂父母心而已。如來全不可求果、亦不可求富。

〔四三〕所謂大心者、大山于其心、大海于其心、無偏無黨心也。提錙而不爲輕、扛鈞而不可重。被引春聲兮、不遊春澤、雖見秋色兮、更無秋心。競四運於一景、視銖鋪於一日。於是一節、可書大之字也、可知大之字也、可學大之字也。

〔四四〕夾山之典座、若不學大字者、不覺之一笑、莫度太原。大潙禪師、不書大字、取一莖柴、不可三吹。洞山和尙、不知大字、拈三斤麻、莫示一僧。應知、向來大善知識、俱是百草頭上學大字來。今乃自在作大聲、說大義、了大事、接大人、成就者箇一段大事因緣者也。住持・知事・頭首・雲衲、阿誰忘卻此三種心者哉。

于時嘉禎三年丁春、記示後來學道之君子云爾。

觀音導利院住持　傳法沙門道元記。

あとがき

本書は、もと、柴田書店発行の『月刊専門料理』の編集長齋藤壽氏の求めにより、同誌昭和五十八年六月号から同五十九年九月号まで、一年四カ月にわたって連載したものである。

毎月の編集実務は、同誌嘱託の小園泰丈氏が実に行き届いた仕事をしてくださった。また単行本として大法輪閣から刊行されるに当たっては、多年の道友である同社の本間康一郎氏・小山弘利氏の特別の配慮をかたじけのうした。ここに記して、深い謝意を表する。

なお、巻末に付した『典座教訓』の原漢文は、大久保道舟老師編『道元禅師全集』下巻（筑摩書房刊）に依った。ただし、句読および本文中の訓読はすべて筆者のものである。

最後になったが、篠原寿雄学兄の『典座教訓——禅心の生活』(大蔵出版社刊)には、終始教えられるところが多かった。大久保・篠原両教授の学恩に深い謝意を表する。

昭和六十年四月八日

花王庵禅学研究室にて

秋月龍珉

解説　いのちの深みを汲む

竹村祖珉（牧男）

本書は、道元の著作『典座教訓』、すなわち禅院の食事係（典座）の心構えを説いた書物を、秋月龍珉が禅の思想的背景について詳しく説明しながら分かりやすく解説したものである。元々、一九八五年に大法輪閣から刊行されたものを、このほど、読者の熱心なご要望により文庫版として刊行されるに至ったと聞く。

初めに、著者について簡単にご紹介しておく。本書の著者、秋月龍珉老師（一九二一～九九）は、若い頃、比較的神秘主義的なキリスト教にふれて育ち、やがて東大哲学科で哲学の訓練を受ける一方、宮田東珉《とうみん》・古川大航《たいこう》・苧坂光龍《おさかこうりゅう》・大森曹玄《そうげん》各老師に参禅、居士身ながら光龍・曹玄両老師から印可を受けた。すなわち、臨済正宗隠山派の越渓《えっけい》下と滴水《てきすい》下の二つの室内を尽したのである。さらに満五十歳のとき、山田無文老師に就いて得度し、僧籍に入った。

龍珉はそのように禅を深く学んだだけでなく、自らの学をさらに仏教学・宗教哲学にまで広げていった。特に鈴木大拙《だいせつ》に親しく師事し、薫陶を受けるとともに、大拙の心友の西田（幾多郎）寸心《すんしん》の宗教哲学に参じ、龍珉独自の宗教哲学を拓いた。その代表作に、『絶対無と場所──鈴木禅学と西田哲学』（青土社）がある。また、滝沢克己、八木誠一らのキリスト者と交わり、仏教とキリスト教等との対話に先駆的にかつ旺盛に取り組んだ。還暦の頃以降はこの事の促進のため、海外の学会等にも積極的に出かけていき、国際的に活躍していたが、一九九四年、チューリッヒ郊外ツーク市のカトリック修道院で開催された「ヨーロッパにおける、仏教とキリスト教の対話のためのシンポジウム」に参加中、病に倒れたことが遠因となり、惜しいかなその後、数年を経て七十七歳でこの世を去った。

この間、龍珉はおびただしいほどの著作をものしたが、代表作としては、『校訂国訳趙州禅師語録』（春秋社）、『公案──実践的禅入門』『臨済録』（筑摩書房）、『誤解された仏教』『一日一禅』（講談社学術文庫）などがある。また、道元に関しては、他に『道元入門』（講談社現代新書）、『「正法眼蔵」を読む』『「正法眼蔵」の知恵一〇〇』（ＰＨＰ研究所刊）などがある（三七頁参照）。

次に、『典座教訓』の著者・道元（一二〇〇～五三）について、ごく簡単に記しておく。

道元は、少年の頃、比叡山に入り、人は本来仏ならなぜ修行しなければならないのかという大きな疑問にぶつかり、結局、山を降りて栄西の弟子・明全《みょうぜん》に就いて参禅修行することになる。その後、入宋《にっそう》して如浄《にょじょう》に出会い、その下で「身心脱落・脱落身心」の悟道を得、帰国した。その後、自ら体得した禅を純粋な形で弘めようと京都で活動するが、叡山等に圧迫を受け、晩年は福井山中の永平寺に拠った。

著作に、まずは独特な漢語まじりの和文による『正法眼蔵』がある。これに道元自身が編集した決定版は存在していないが、今日ではほぼ七十五巻本と晩年のもので未完の十二巻本とが重視されている。一方、禅僧としていわば公式の代表作としては、『永平広録』を挙げなければならない。これは漢文のもので、特に晩年の永平寺での説法が多く収録されており、その頃の道元の思想は、むしろこれに拠って解明されるべきである。その他、『弁道話』、『普勧坐禅儀』、『学道用心集』などがあり、歌集『傘松道詠』もある。さらに道元が自らの道場の運営規則を定めたものを集めた『永平大清規』がある。清規とは「清衆の規矩」の意味で、禅宗の叢林（雲水らが集い共同で修行生活を送る専門道場）の規則集をいうものである。『典座教訓』は実は、この『永平大清規』の中の一つである。

典座とは、前に述べたように、禅林の食事担当の役職名である。一般に禅院の主な役職には四知事というものがある。「監院《かんにん》（監寺《かんす》）・維那《いの》・典座・直歳《しっすい》」（以上、『禅苑清規』による。道元は『典座教訓』においてこれに都寺《つうす》・副寺《ふうす》を加え、六知事としている）というもので、いわば総務・教育・管財等の重役であるが、典座はその一角を占めている。本来、仏教においては、修行者共同体（サンガ＝僧伽＝僧）の規則として、釈尊の制定にかかる律が存在している。中国―日本では、比丘《びく》（男性の出家者）二百五十戒、比丘尼《びくに》（女性の出家者）三百四十八戒を載せる『四分律』がもっぱら用いられた。しかし中国固有の風土の中で発達を遂げた禅仏教では、自給自足を事とし、独自の修行共同体規則を形成していくのであった。その代表的なものが「一日作《な》さざれば一日食らわず」との言葉を発したという、百丈懐海《ひやくじようえかい》（七二〇～八一四）が制定した『百丈清規』である。その後、百丈の示寂後、約二百九十年を経て、宋代の雲門宗の長蘆宗賾《ちようろそうさく》が『禅苑清規』（十巻）を述作した。龍珉は、「道元は、この書を依用しながら、百丈の『古清規』の心に一如せんとして、依用しつつも批判的に使ったものと考えられる」と指摘している（三九頁参照）。

道元は、本場の中国の禅院を日本に移植しようとし、その手始めに伏見深草の地に興聖寺を建立した。当然、雲水らの修行生活上の規則も、中国で当時行なわれていたこと、さらにはその源流に遡って本来のことを、日本の地に実現したいと考えたことであろう。特に帰国後、身を寄せた建仁寺の修行僧らの生活ぶりを観るに、自分がつぶさに体験した本場の禅道に比べて、とうてい如法とは思えなかった。そこでまず著したのが『典座教訓』であった。時に道元三十七歳のことである。その後も、修行僧の規則に関わる著作を重ねるが、それらをまとめたものが『永平大清規』と呼ばれるものである（三八頁参照）。

道元がこの『典座教訓』をかなり早い時期に著したのは、特に道元固有の体験から、典座職がいかに重要な職であるかの認識が深かったこと、それに比べ、帰国当初の建仁寺での典座の仕事ぶりがあまりにも道心を欠いていたこと、などによるものであろう。道元は宋に渡ったとき、留め置かれた船に阿育王山の典座が椎茸を買いにやってきたので、いろいろ教えを乞おうと思い、泊まっていくよう引き留めた。しかし、自分の務めを果すために典座は帰るという。典座なら代りの者もいるだろう、作務《さむ》ばかりして何になろうと、なお引き留めると、お前さんは修行の何たるかをまるで知らないと、強くたしなめられたのであった。その後、天童山にて修行していたとき、老典座が炎天下でせっせと椎茸を干している場に出会う。道元はこのときも、他人に代わってもらったらと勧めると、その老典座は、「他は是れ吾れに非ず」「更に何の時をか待たん」と言い、一心に作業を続けるのであった（以上、一六三～一七六頁参照）。これらの体験から道元は、修行はどうあるべきか、典座の心構えはどのようであるべきかを、深く認識したのであった。これらの体験があればこそ、道元は禅の修行を全うできたのである。

古来、インドのサンガにおいては、朝のうち托鉢し、昼食を正午までに食べて、それ以降は食事を摂ることはなかった。現在の日本禅宗の僧堂では、朝がおかゆ、昼がご飯で、夜は薬石と称してうどんなどを食する。これらの食事作りを担当するのが、典座の役目である。そのため、本来、参禅修行に充てるべき時間を割いて、他の修行者のための業務に励むのであり、それゆえある程度、修行のなった者が担当すべき貴重な役割なのである。そういう大事な職務に当たる心構えに細心の注意が必要なことは、容易に推察出来るであろう。

たとえば、食材の選び方、活かし方、献立の考え方、味付けの妙、などの問題がある。盛りつけはさほどテーマにはならないかもしれないが、供する衆僧への配慮、思いやり等々こそ重要である。『典座教訓』にはこれらについて、真摯に道を求める立場からの助言と注意がていねいに説かれる。根本に、食事作りを通じて雲水らの修行が進むように関われる事への感謝があるべきであり、典座の食事作りのすべては、その思いの自覚から展開すると言ってよいであろう。

雲水らは食事の時に、「五観《ごかん》の偈《げ》」を唱える。それは次のようである。「一《ひとつ》には功の多少を計り彼《か》の来処を量る。二には己が徳行《とくぎょう》の全欠を忖《はか》って供《く》に応ず。三には心を防ぎ過《とが》を離るることは貪等《とんとう》を宗とす。四《よつ》には正に良薬を事とするは形枯《ぎょうこ》を療ぜんが為なり。五には道を成ぜんが為の故に今この食を受く。（臨済宗は、三を「三には心を防ぎ過貪等を離るるを宗とす」と読む。）」この偈は食事を摂る者の心構えを説いたものだが、典座の根本にもおかれるべき心であろう。

この道元の著作に対し、龍珉は道元の禅思想の深みから詳しく解説している。道元の思想といえば、只管打坐、ただ坐る、に極まるものであるが、その坐禅はまた、「修証一等」（修行と悟りとは一つであるという立場）の坐禅であった。言い換えれば、坐禅は「本証の妙修」そのものなのである。しかもこの本質は、坐禅のみに限られない。道元の禅宗では、「威儀即仏法・作法是宗旨」とも言われる。威儀とは四威儀のことで、行・住・坐・臥のこと、日常生活そのもののことである。すなわち、日常のすべてが仏法そのものを生きるべき場なのであり、どのような行為にもそのただ中に「仏のおんいのち」を証すべきなのである。当然、典座の業務も、一挙手一投足、一意一考に至るまで、本証の妙修としてなされていくべきものである。龍珉はそのことを繰返し指摘する。たとえば、「本来の証悟という「般若」（悟りの智慧）の自発自展すなわち妙修という仏作仏行なのである。そこに「我ここにおいて切なり」という真心の働きがある」等と解説している（八七頁参照）。

以上のように、『典座教訓』そのものは道元が禅の修行者らに食事を供する役割を担う者の心構えや実際の行動指針について多方面にわたって詳細に説諭した書物であり、本書は龍珉がその内容につき、本来の禅道仏法の立場を明かしつつ平易に解説した書物である。その意味で本書は、単に料理人の心構え等を学べるのみのものではなく、自己のいのちの深みや、本来の仏道のあり方といったことを、深く学ぶことができるものである。またその内容は、結局、単に料理人だけが会得すべきことにとどまらず、あらゆる職務を担う者にとっても大いに参考になるものである。したがって、本書を読み進めていくにつれて、誰にとっても自らの人生の歩み方に関する多くの発見と感動と指針とをもたらしてくれることであろう。それだけ道元の言葉は、人生の真実を衝いているということである。多くの方々が本書を愛読されることを期待するものである。

（東洋大学学長・仏教学）

一、本書は、一九八五年大法輪閣より刊行された。
二、文庫化に際し、巻末「原文」を除き新字・新かなにあらため、あきらかな誤記・誤植は訂正した。
三、『典座教訓』原文は『道元禅師全集』下巻（大久保道舟編、筑摩書房）を底本としている。ただし句読および訓読は著者による。
四、一部、古くなって現実に合わない記述、あるいは今日の人権意識に照らして不適切と思われる語句や表現があるが、時代背景に鑑み、加えて著者が故人であることから、特に訂正は施していない。

ちくま学芸文庫

道元禅師《どうげんぜんじ》の『典座教訓《てんぞきょうくん》』を読《よ》む

二〇一五年九月十日　第一刷発行

著者　秋月龍珉（あきづき・りょうみん）
発行者　山野浩一
発行所　株式会社　筑摩書房
東京都台東区蔵前二―五―三　〒一一一―八七五五
振替〇〇一六〇―八―四一二三

装幀者　安野光雅
印刷所　株式会社加藤文明社
製本所　株式会社積信堂

乱丁・落丁本の場合は、左記宛にご送付下さい。
送料小社負担でお取り替えいたします。
ご注文・お問い合わせも左記へお願いします。
筑摩書房サービスセンター
埼玉県さいたま市北区櫛引町二―六〇四　〒三三一―八五〇七
電話番号　〇四八―六五一―〇〇五三

ISBN978-4-480-09696-8 C0115